The Origin and Evolution of
Chinese Characters

亲近自然篇

邱昭瑜
编著

有故事的

汉字

第一辑

青岛出版社
QINGDAO PUBLISHING HOUSE

作者的话

　　一个深深陶醉于中国文字之美的人，曾许下心愿，要将这份对文字的诚挚之爱传递出去。《有故事的汉字》就是一颗经由美好心愿孕育出来的种子，希望这颗种子可以传播出去，在小读者的心中生根发芽。

# 写给小朋友的话

　　小朋友，考考你：你知道在文字发明以前，古人是怎样传递消息的吗？

　　你有没有听过古人"结绳记事"的故事？在很久以前，人们用在绳子上打结的方法来记录事情。譬如说，甲村落跟乙村落订下契约，一年后乙村落要送五只羊给甲村落，双方就各拿一段同样长的绳子，在两根绳子上相同的地方各打上五个同样大小的结。等约定的时间到了，双方再比照着绳子共同回忆这些绳结代表什么意思。不过这样也很不保险，因为所有的事情都是用绳结来记录的，虽然绳结有大有小，打结的地方也不一样，可是日子久了，很难确保对每段绳结所代表的意思都记得准确无误。

　　另外，人们还通过画画的方式来传递消息。可是，这也不是一个很好的方法，因为你知道完成一幅画要花很长的时间，而且也不是每个人都会画画，万一想画一只老虎，画出来的却是恐龙，传递错误信息就糟了！

　　幸好，人类还是很聪明的，他们发明了简笔画，就是把物体画一个大概的样子，能够知道表示什么意思就可以了；可是，大家的简笔画却画得不大一样。以太阳来说吧，有人喜欢画一个圆圈来表示，有人在圆圈里加上一点，还有人不但在圆圈里加了一点，圆圈周围还要画上万丈光芒……这可怎么办才好呢？

当碰到大家的意见不一致时，总该有人走出来统一吧！文字也是一样，"统一"文字的那个人呢，相传就是黄帝的史官，名叫仓颉。

后代子孙根据仓颉统一整理的这些文字，发现文字的创造是有一定规则可循的，那就是象形、指事、会意和形声。

象形，就是按照物体的样子来画。像"木"这个字，最原始的样子便是画一棵叶子掉光、只剩向上伸展着树枝和向下生长着树根的树。

指事字呢，就是要指出这个物体的特点所在。譬如刀刃的"刃"字，是在一把刀上加一点，那一点就是要特别指出这把刀的刀刃很锋利哦！

会意字又是什么呢？就是你看了这个字，然后在脑袋中想一下就可以知道它表示什么意思。譬如休息的"休"字，画的就像一个人靠在大树下休息，是不是很容易理解呢？

最后，说到形声字。你可听过"有边读边，没边读中间"的说法吗？汉字有约百分之九十是形声字，形声字一部分是表示它的类别，另一部分是表示声音。譬如唱歌的"唱"字，唱歌是用嘴巴唱的，所以就用"口"字来当类别，旁边的"昌"音是不是跟"唱"音很相近呢？

现在，你是不是开始觉得汉字很有趣了呢？那就让我们翻开这本书，探索更多关于汉字的奥秘，接受最美的汉字启蒙吧！

contents

目 录

tiān

天

měi gè rén de tóu shang dōu dǐng zhe yí piàn tiān jiǎ gǔ wén hé
每个人的头上都顶着一片天。甲骨文和
jīn wén li tiān zì huà de dōu shì yí gè rén de xíng zhuàng dà
金文里，"天"字画的都是一个人的形状。"大"
zì jī běn shang yǐ jīng néng gòu xiǎn shì chu shì rén xíng le dàn wèi le
字基本上已经能够显示出是人形了，但为了
yào tè bié zhǐ chu tóu dǐng de bù wèi suǒ yǐ jiù bǎ tóu huò
要特别指出头顶的部位，所以就把头"口"或
huà de dà yì diǎn er yǎn biàn dào xiǎo zhuàn shí yīn wei rén men
"●"画得大一点儿。演变到小篆时，因为人们
jué de tiān nǎi shì zhì gāo wú shàng de ér yī yòu zài shù zì zhōng
觉得天乃是至高无上的，而"一"又在数字中
pái zài dì yī wèi suǒ yǐ jiù yòng yī lái biǎo shì lái
排在第一位，所以就用"一"来表示"一"，来
qiáng diào tā shì zuì zhòng yào de dú yī wú èr de
强调它是最重要的、独一无二的。

『字里字外』 ——————

měi gè rén huó zài shì shàng dōu shì dú yī wú èr de suǒ wèi tiān shēng wǒ cái bì yǒu
每个人活在世上都是独一无二的。所谓"天生我材必有
yòng xiāng xìn zhǐ yào zì jǐ kěn fù chū nǔ lì jiāng lái jiù yí dìng kě yǐ qǔ dé chéng gōng
用"，相信只要自己肯付出努力，将来就一定可以取得成功。

『 "天" 字的演变过程 』

| 甲骨文 | 金文 | 小篆 | 隶书 | 楷书 |

shén

神

gǔ rén rèn wéi tiān dì jiān de wàn shì wàn wù dōu yǒu líng xìng
古人认为天地间的万事万物都有灵性。

shén zì biàn shì jī yú gǔ rén duì yú shén líng de chóng jìng ér zào
"神"字便是基于古人对于神灵的崇敬而造

chu lai de shén zì de zuǒ bian shì shì shì shì yóu biǎo
出来的。"神"字的左边是"示","示"是由表

shì shàng tiān de yǔ biǎo shì rì yuè xīng de zǔ hé
示上天的"二",与表示日、月、星的"川"组合

ér chéng gǔ rén rèn wéi rì yuè xīng huì zhāo shì jí xiōng ràng rén
而成。古人认为,日、月、星会昭示吉凶,让人

men qū jí bì xiōng shén zì de yòu bian shì shēn gǔ shí hou
们趋吉避凶。"神"字的右边是"申",古时候,

shēn yǔ diàn de yì si xiāng tóng biǎo shì shén líng xiǎn wēi gēn léi diàn
"申"与"电"的意思相同,表示神灵显威跟雷电

dà zuò yí yàng dōu jù yǒu bù kě kàng jù bù kě yù cè de wēi lì
大作一样,都具有不可抗拒、不可预测的威力。

『字里字外』 ————————

sān guó shí qī shǔ guó yǒu yí wèi hěn yǒu míng de jūn shī jiào zhū gě liàng tā cháng cháng
三国时期,蜀国有一位很有名的军师,叫诸葛亮,他常 常

bèi rén chēng zàn wéi liào shì rú shén shén jī miàosuàn xiǎo péng yǒu nǐ hái zhī dao sān guó gù
被人称赞为"料事如神""神机妙算"。小朋友,你还知道三国故

shi li de qí tā yīngxióng ma
事里的其他英雄吗?

『"神"字的演变过程』

| 金文 | 小篆 | 隶书 | 楷书 |

guǐ

鬼

shì shàng cún zài guǐ shén de shuō fa yóu lái yǐ jiǔ gǔ
世上存在"鬼""神"的说法由来已久。古

rén zài zào guǐ zì shí jiù shì fǎng zhào rén guì zuò zhe de xíng xiàng
人在造"鬼"字时，就是仿照人跪坐着的形象

lái huà de yǒu yì bǎ guǐ de tóu huà de tè bié dà páng biān
来画的，有意把鬼的头"田"画得特别大，旁边

shì zì yǒu yīn sī bú zhèng de yì si gǔ rén yě
是"厶"字，"厶"有阴私、不正的意思。古人也

pà guǐ jué de guǐ zhǎng zhe dà dà de nǎo dai lǐ miàn yí dìng
怕"鬼"，觉得"鬼"长着大大的脑袋，里面一定

zhuāng mǎn le hài rén de xiǎng fa
装满了害人的想法。

『字里字外』

sú huà shuō píng shí bú zuò kuī xīn shì bàn yè bú pà guǐ qiāo mén xiǎo péng yǒu zhè
俗话说："平时不做亏心事，半夜不怕鬼敲门。"小朋友，这

li de guǐ qiāo mén jiù shì hài pà de yì si zhěng jù de yì si shì shuō jiǎ rú nǐ píng shí méi
里的"鬼敲门"就是害怕的意思。整句的意思是说，假如你平时没

you zuò shén me wéi bèi liáng xīn de shì nà me zǒu yè lù huò shuì jiào shí jiù bú huì hài pà
有做什么违背良心的事，那么走夜路或睡觉时就不会害怕。

| 甲骨文 | 金文 | 小篆 | 隶书 | 楷书 |

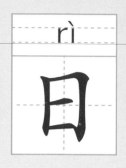

rì

日

zǎo chen tài yang chū lai le xīn de yì tiān kāi shǐ le yòu
早晨，太阳出来了，新的一天开始了。又

yuán yòu dà de tài yang bù tíng de shì fàng rè liàng wèi dì qiú shang de
圆又大的太阳不停地释放热量，为地球上的

shēng wù tí gōng shēng mìng suǒ xū yào de guāng hé rè suǒ yǐ zài jīn
生物提供生命所需要的光和热。所以，在金

wén li gǔ rén hái tè yì bǎ rì guāng sì shè de yàng zi huà chu lai
文里，古人还特意把日光四射的样子画出来：

zài rì de zào xíng zhōng huà de shì tài yang de
"☒"。在"日"的造型中，"口"画的是太阳的

xíng zhuàng zhōng jiān de zé biǎo shì tài yang li yǒu xiǎo hēi diǎn zài
形状，中间的"一"则表示太阳里有小黑点在

yí dòng gǔ rén de guān chá zhēn shi fēi cháng xì wēi xiàn zài kē xué jiā
移动。古人的观察真是非常细微，现在科学家

yǐ jīng yán jiū chu nà xiē xiǎo hēi diǎn jiù shì tài yáng hēi zǐ
已经研究出那些小黑点就是"太阳黑子"。

【字里字外】

sú yǔ yí rì zhī jì zài yú chén shì shuō cóng zǎo shang qǐ chuáng hòu jiù yào xiǎng hǎo zì
俗语"一日之计在于晨"，是说从早上起床后就要想好自

jǐ zhè yì tiān yào zuò shén me shì yào xiān zuò hǎo jì huà rán hòu àn zhào jì huà qù zuò cái bú
己这一天要做什么事，要先做好计划，然后按照计划去做，才不

huì bái bái de làng fèi shí jiān
会白白地浪费时间！

「"日"字的演变过程」

| 甲骨文 | 金文 | 小篆 | 隶书 | 楷书 |

dàn

旦

nǐ yǒu méi you kàn guo rì chū ne　zuì chū　yí gè xiàng xián yā
你有没有看过日出呢？最初，一个像咸鸭

dàn huáng yí yàng de tài yang duǒ zài shān de bèi hòu　màn màn de　tiān biān
蛋黄一样的太阳躲在山的背后，慢慢地，天边

xiān yǒu wēi ruò de liàng guāng chū xiàn　bǎ sì zhōu de jǐng wù dōu yìng zhào
先有微弱的亮光出现，把四周的景物都映照

chū piào liang de guāng huán lai　rán hòu hěn kuài de　tài yang de zhěng zhāng
出漂亮的光环来，然后很快地，太阳的整张

liǎn jiù yuè chu dì píng xiàn le　tài yang gāng gāng shēng qǐ shí　guāng xiàn
脸就跃出地平线了。太阳刚刚升起时，光线

hái bú shì hěn qiáng liè　suǒ yǐ bú huì hěn cì yǎn　dàn　zì de zì
还不是很强烈，所以不会很刺眼。"旦"字的字

xíng　jiù shì qīng chén tài yang gāng cóng dì miàn shēng qǐ lai de yàng zi　shàng
形，就是清晨太阳刚从地面升起来的样子，上

miàn de　biǎo shì tài yang　xià miàn de　zé biǎo shì dì miàn
面的"口"表示太阳，下面的"一"则表示地面

huò dì píng xiàn
或地平线。

『字里字外』 ────────────

xiǎo péng yǒu　nǐ yǒu méi you zhù yì dào tài yang měi tiān dōu hěn xīn kǔ de cóng dōng bian zǒu
小朋友，你有没有注意到太阳每天都很辛苦地从东边走

dào xī bian　rán hòu cái gēn yuè liang jiāo bān qù xiū xi ne　qí shí zhǐ yào zǐ xì de guān chá yí
到西边，然后才跟月亮交班去休息呢？其实只要仔细地观察一

xià　nǐ huì fā xiàn　zài bù tóng de shí jiān　tài yang huò yuè liang de yán sè　liàng dù yǔ wèi zhi dōu
下，你会发现：在不同的时间，太阳或月亮的颜色、亮度与位置都

shì bù yí yàng de
是不一样的！

「"旦"字的演变过程」

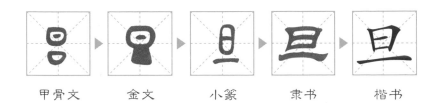

| 甲骨文 | 金文 | 小篆 | 隶书 | 楷书 |

zǎo
早

"公鸡啼，小鸟叫，太阳出来了……"每天早晨，闹钟都会按时跟你说"早安"，这预示着新的一天开始了。古人在造"早"字时，一定是看到太阳爬升到草上产生了联想，所以"早"字上半部是太阳"☉"，下半部则是草的古字"Ψ"。因为古时候没有钟表等工具，所以阳光对于古人具有非常重要的提示作用，一看到太阳出来了，就不能继续睡懒觉了，必须赶紧出门工作。

『字里字外』

俗话说："一日之计在于晨。"这是说要在一天的开始时就做好工作，为全天的工作打好基础。小朋友，每天起床、刷牙、洗脸后，要先检查一下自己的书包，看看该带的东西有没有准备好。一切都整理妥当后，就可以愉快地吃早餐，然后出门上学去了！

金文　　　　小篆　　　　隶书　　　　楷书

xù

旭

chuán shuō gǔ shí hou tiān shàng yǒu shí gè tài yang tā men shì fàng
传说古时候天上有十个太阳，它们释放

chū jù dà de rè liàng tǔ dì bèi shài liè le dòng zhí wù yě kuài bèi
出巨大的热量，土地被晒裂了，动植物也快被

shài sǐ le zhè shí hou chū xiàn le yí gè jiào hòu yì de shén shè shǒu
晒死了。这时候，出现了一个叫后羿的神射手，

tā ná qǐ shén gōng cháo tài yang lián shè jiǔ jiàn shè diào le jiǔ gè tài
他拿起神弓朝太阳连射九箭，射掉了九个太

yang zhǐ bǎo liú le yí gè tài yang rén men cái dé yǐ shēng cún xià
阳，只保留了一个太阳，人们才得以生存下

lái xiǎng yi xiǎng tiān shàng tóng shí yǒu nà me duō de tài yang yì qǐ chū
来。想一想，天上同时有那么多的太阳一起出

xiàn huì shì zěn yàng de qíng xing zài gǔ dài shù mù yǐ jiǔ wéi zuì
现，会是怎样的情形？在古代，数目以"九"为最

dà suǒ yǐ gǔ rén bǎ hé zǔ hé qǐ lai zào chū xù
大，所以古人把"九"和"日"组合起来造出"旭"

zì biǎo shì tài yang gāng gāng shēng qǐ guāng máng sì shè de yàng zi
字，表示太阳刚刚升起、光芒四射的样子。

『字里字外』 ——————

xù rì dōng shēng shì shuō zǎo chen tài yang gāng cóng dōng bian shēng qǐ chōng mǎn le zhāo
"旭日东升"是说早晨太阳刚从东边升起，充满了朝

qì hé huó lì xiǎo péng yǒu shuì le yì wǎn de hǎo jiào zǎo shang xǐng lai zhī hòu nǐ shì bu shì yě
气和活力。小朋友，睡了一晚的好觉，早上醒来之后你是不是也

jué de hún shēn chōng mǎn lì liang
觉得浑身充满力量？

『 "旭" 字的演变过程 』

小篆　　　隶书　　　楷书

mù

暮

dāng tài yang luò dào cǎo cóng zhōng shí yì wèi zhe bái tiān jiāng yào
当太阳落到草丛中时，意味着白天将要

jié shù le suǒ wèi rì mù shì zhǐ tài yang luò shān hòu sì zhōu
结束了。所谓"日暮"，是指太阳落山后，四周

kāi shǐ biàn de hūn àn mù zì zuì chū xiě zuò mò shì biǎo shì
开始变得昏暗。"暮"字最初写作"莫"，是表示

tài yang zài zhòng cǎo zhōng de yàng zi mù shì hòu lái
太阳"☉"在众草"艹"中的样子；"暮"是后来

cái zào de zì zài mò xià jiā yí gè tài yang yòng lái qiáng diào tài
才造的字，在"莫"下加一个太阳，用来强调太

yang yǐ jīng luò dào cǎo de xià miàn tiān kuài yào hēi le
阳已经落到草的下面，天快要黑了。

【字里字外】

táng dài zhù míng shī rén liú cháng qīng xiě guo rì mù cāng shān yuǎn tiān hán bái wū pín de
唐代著名诗人刘长卿写过"日暮苍山远，天寒白屋贫"的

shī jù yì si shì shuō yè mù jiàng lín lián mián de shān luán zài cāng máng de yè sè zhōng biàn de
诗句。意思是说夜暮降临，连绵的山峦在苍茫的夜色中变得

gèng jiā shēn yuǎn tiān qì hán lěng shǐ zhè suǒ jiàn lòu de máo wū xiǎn de gèng jiā qīng pín zhè liǎng
更加深远；天气寒冷，使这所简陋的茅屋显得更加清贫。这两

jù xiě chu le shī rén tóu sù shān cūn shí de suǒ jiàn suǒ gǎn
句写出了诗人投宿山村时的所见所感。

「“暮”字的演变过程 」

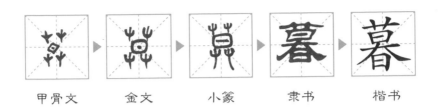

| 甲骨文 | 金文 | 小篆 | 隶书 | 楷书 |

míng
明

夜晚，月光从窗户照进来，把室内照得一片光明。在古代，"明"字的左边写作"◙"，表示窗户；右边的"◗"表示月亮。因为这个字表示月光照进窗户，所以它的本义有"照""光明"的意思。另外一种说法是："明"字的左边不是表示窗户，而是指太阳。于是，"明"字就成了日月一起大放光明的意思，这种解释也是合理的。

『字里字外』

小朋友，做人做事要能够"明辨是非"，因为正确地辨别什么是对的，什么是错的，这是非常重要的。

【"明" 字的演变过程 】

| 甲骨文 | 金文 | 小篆 | 隶书 | 楷书 |

yuè

月

夜晚，弯弯的月牙儿高高地挂在天上，就好像天空在微笑。因为古人看到的月亮，多数不是满月，所以在造"月"字时，就以它经常出现的有盈亏的样子为依据，用"☽"来表示。其实对和地球关系最为密切的两个星球——太阳和月亮来说，在造字的时候，把日"☉"、月"☽"的形体做这样的区分是很妥当的。

『字里字外』

"光阴似箭，岁月如梭"是指时光流逝，时间过得很快。小朋友，正因为时间过得很快，所以你要好好地把握时间、珍惜时间，不要把时间白白地浪费掉！

『"月"字的演变过程』

| 甲骨文 | 金文 | 小篆 | 隶书 | 楷书 |

xīng
星

　　gǔ shí hou de yè kōng bǐ xiàn zài de gèng hēi　xīng xing kàn qi lai
古时候的夜空比现在的更黑，星星看起来

yě gèng míng liàng　　jīng　shì gǔ wén　xīng　zì de yí bù fen　biǎo shì
也更明亮。"晶"是古文"星"字的一部分，表示

tiān shàng de xīng xing sān sān liǎng liǎng de jù zài yì qǐ　　xīng　zì běn
天上的星星三三两两地聚在一起。"星"字本

lái xiě zuò　　　shàng miàn de　　biǎo shì hěn duō xīng xing　xià miàn de
来写作"曐"，上面的"晶"表示很多星星；下面的

　biǎo shì shù mù　yì si shì tòu guò shù yè jiān de fèng xì　kě
"生"表示树木，意思是透过树叶间的缝隙，可

yǐ kàn dào xīng xing guà zài tiān shàng　gǔ wén zhōng　sān gè xiāng tóng de fú
以看到星星挂在天上。古文中，三个相同的符

hào shì biǎo shì　duō　de yì si　hòu lái　　　shěng lüè wéi
号是表示"多"的意思，后来"曐"省略为"星"，

biàn chéng le　xīng　zì
便成了"星"字。

『字里字外』 ————————

　　chéng yǔ　　dǒu zhuǎn xīng yí　de yì si shì shuō běi dǒu zhuǎn xiàng zhòng xīng yí wèi
　　成语"斗转星移"的意思是说北斗转向，众星移位。

biǎo shì shí xù biàn qiān　suì yuè liú shì　　dǒu　shì zhǐ běi dǒu xīng　xiǎo péng yǒu　nǐ yǒu méi
表示时序变迁，岁月流逝。"斗"是指北斗星。小朋友，你有没

yǒu zhù yì dào　tóng yí piàn yè kōng　zài bù tóng de　jì jié huì yǒu bù yí yàng de xīng xing pái liè
有注意到，同一片夜空，在不同的季节会有不一样的星星排列

zài shàng miàn
在上面？

『 "星" 字的演变过程 』

| 甲骨文 | 金文 | 小篆 | 隶书 | 楷书 |

yún

云

nǐ jiàn guo dòng huà piàn li sūn wù kōng cǎi zhe de jīn dǒu yún
你见过动画片里孙悟空踩着的筋斗云

ma tā kàn qi lai hěn xiàng juǎn le yì quān yòu yì quān jié bái de mián
吗？它看起来很像卷了一圈又一圈洁白的棉

huā qǐ chū yún zì jiù shì xiě chéng yún cai de yàng zi hòu lái
花。起初，"云"字就是写成云彩的样子，后来

wèi le yào tè bié biǎo shì tā huì jù jí shuǐ zhēng qì jiàng xia yǔ dī
为了要特别表示它会聚集水蒸气降下雨滴，

jiù jiā shang yǔ piān páng lái qiáng diào yú shì yún biàn chéng le
就加上"雨"偏旁来强调。于是，"云"便成了

yún duǒ shū juǎn de yàng zi yún shì yóu piāo fú zài bàn kōng zhōng de
云朵舒卷的样子。"云"是由飘浮在半空中的

shuǐ zhēng qì jī jù ér chéng de ér bǐ jiào kào jìn dì miàn de jiù shì
水蒸气积聚而成的，而比较靠近地面的就是

wù
"雾"。

【字里字外】

chéng yǔ bái yún cāng gǒu shì jiè yòng yún duǒ xíng zhuàng biàn huà de xùn sù lái bǐ yù shì
成语"白云苍狗"是借用云朵形状变化的迅速来比喻事

wù biàn huà bú dìng xiǎo péng yǒu nǐ guān chá guo měi fēn měi miǎo xíng zhuàng dōu zài gǎi biàn de yún
物变化不定。小朋友，你观察过每分每秒形状都在改变的云

duǒ ma duō qīn jìn qīn jìn dà zì rán duō qù kàn kan yún ba
朵吗？多亲近亲近大自然，多去看看云吧！

『 "云" 字的演变过程 』

| 甲骨文 | 金文 | 小篆 | 隶书 | 楷书 | 楷书（简） |

léi

雷

tiān kōng zhōng yí kuài dài zhèng diàn de yún màn màn de piāo yí
天空中一块带正电的云慢慢地飘移，

yù dào le lìng yí kuài dài fù diàn de yún liǎng kuài yún pèng zài yì qǐ
遇到了另一块带负电的云，两块云碰在一起，

zhèng fù diàn fā shēng fǎn yìng biàn chǎn shēng le fàng diàn xiàn xiàng suí
正负电发生反应，便产生了"放电"现象。随

hòu jiù huì chū xiàn qiáng liè de guāng hé jù dà de shēng xiǎng nà qiáng
后，就会出现强烈的光和巨大的声响，那强

guāng jiù shì shǎn diàn ér xiàng dà gǔ zài qiāo jī de jù dà shēng xiǎng jiù
光就是闪电，而像大鼓在敲击的巨大声响就

shì léi shēng yīn wei dǎ léi de shēng yīn xiàng dǎ gǔ suǒ yǐ jīn wén
是雷声。因为打雷的声音像打鼓，所以金文

zhōng de léi zì jiù yǒu hěn duō xiàng gǔ de fú hào yòu yīn
中的"雷"字就有很多像鼓的"⊕"符号，又因

wei léi diàn jiāo jiā shí tōng cháng dōu huì xià yǔ suǒ yǐ zài jiā yí gè
为雷电交加时通常都会下雨，所以再加一个

yǔ piān páng lái qiáng diào
"雨"偏旁来强调。

『字里字外』

sú yǔ léi shēng dà yǔ diǎn xiǎo bǐ yù huà shuō de hěn yǒu qì shì ér běn lǐng què hěn
俗语"雷声大，雨点小"，比喻话说得很有气势而本领却很

xiǎo yòu yòng lái xíng róng kū qì shí zhǐ fā chū shēng yīn ér bìng méi you zhēn zhèng liú xia yǎn lèi
小，又用来形容哭泣时只发出声音而并没有真正流下眼泪。

xiǎo péng yǒu nǐ yǒu méi you chū xiàn guo zhè zhǒng qíng kuàng ne
小朋友，你有没有出现过这种情况呢？

「“雷”字的演变过程」

| 甲骨文 | 金文 | 小篆 | 隶书 | 楷书 |

diàn

电

dǎ léi de shí hou shì xiān kàn dào shǎn diàn hái shi xiān tīng dào
打雷的时候，是先看到闪电，还是先听到

léi shēng zhèng què dá àn shì xiān kàn dào shǎn diàn zhè shì yīn wei guāng sù
雷声？正确答案是先看到闪电。这是因为光速

bǐ yīn sù kuài de yuán gù jiǎ gǔ wén li de diàn zì huà de jiù
比音速快的缘故。甲骨文里的"电"字画的就

shì shǎn diàn qū qū zhé zhé de yàng zi yǎn biàn dào jīn wén shí yòu jiā
是闪电曲曲折折的样子；演变到金文时，又加

le yí gè yǔ piān páng yòng lái qiáng diào shǎn diàn dǎ léi hòu hěn kuài
了一个"雨"偏旁，用来强调闪电打雷后，很快

jiù huì xià yǔ le
就会下雨了。

『字里字外』

chéng yǔ shí huǒ diàn guāng shì zhǐ xiàng shǎn diàn fā chū de guāng máng yǔ qiāo jī shí tou
成 语"石火电光"是指像闪电发出的光 芒与敲击石头

suǒ bèng fā de huǒ xīng nà yàng yì shǎn jí shì xíng róng jí qí duǎn zàn xùn sù xiǎng xiang kàn
所迸发的火星那样一闪即逝，形容极其短暂、迅速。想想看，

hái yǒu nǎ xiē chéng yǔ kě yǐ yòng lái xíng róng sù dù hěn kuài
还有哪些成 语可以用来形容速度很快？

『 "电" 字的演变过程 』

| 甲骨文 | 金文 | 小篆 | 隶书 | 楷书 | 楷书（简） |

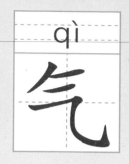

qì

气

zài shān shang wǒ men cháng cháng kě yǐ kàn dào xī bó de yún piāo
在山上，我们常常可以看到稀薄的云飘

fú zài lí dì miàn bù yuǎn de dì fang nà xiē yún jiù shì yún qì
浮在离地面不远的地方，那些"云"就是云气。

gǔ shí hou yě yǒu yún qì cún zài gǔ rén kàn dào yún qì shì wǎng shàng
古时候也有云气存在。古人看到云气是往上

piāo de suǒ yǐ jiù huà sān huà de lái biǎo shì hěn duō yún qì
飘的，所以就画三画的"彡"来表示很多云气

chóng dié zhe wǎng tiān shàng piāo huà de shāo wēi wǎng shàng qiào shì biǎo shì
重叠着往天上飘；画得稍微往上翘是表示

yún qì zhèng zài liú dòng hòu lái zhè ge zì biàn chéng bù shǒu yòng zhè ge
云气正在流动。后来这个字变成部首，用这个

bù shǒu zǔ chéng de zì dōu shì gēn qì tǐ yǒu guān de
部首组成的字都是跟气体有关的。

『字里字外』 ——————————————

chéng yǔ qì wèi xiāng tóu shì biǎo shì shuāng fāng de sī xiǎng xìng gé zhì qù yī
成语"气味相投"是表示双方的思想、性格、志趣一

zhì hěn hé de lái de yì si xiǎo péng yǒu zài nǐ de shēng huó zhōng yǒu méi you rén gēn nǐ
致，很合得来的意思。小朋友，在你的生活中有没有人跟你

qì wèi xiāng tóu ne
"气味相投"呢？

「"气"字的演变过程」

| 甲骨文 | 金文 | 小篆 | 隶书 | 楷书 | 楷书（简） |

fēng

风

　　dì qiú biǎo miàn yīn wei shòu rè bù jūn yún dǎo zhì gè dì de wēn
地球表面因为受热不均匀，导致各地的温
dù bù yí zhì zài rè de dì fang kōng qì shòu rè péng zhàng biàn qīng le
度不一致，在热的地方，空气受热膨胀变轻了
jiù wǎng shàng piāo páng biān de lěng kōng qì jiù huì liú dòng guo lai tián bǔ
就往上飘，旁边的冷空气就会流动过来填补
kòng dāng yú shì yǐn qǐ kōng qì de liú dòng cóng ér xíng chéng le fēng
空当，于是引起空气的流动，从而形成了风。
zài zào zì shí dài gǔ rén shàng bù néng rèn shi dào fēng shì lěng rè kōng
在造字时代，古人尚不能认识到风是冷热空
qì liú dòng zào chéng de tā men rèn wéi qì liú lái zì tiān kōng suǒ yǐ
气流动造成的，他们认为气流来自天空，所以
fēng zì de běn yì shì zhǐ lái zì tiān kōng shǐ niǎo lèi dé yǐ fēi
"风"字的本义是指来自天空、使鸟类得以飞
xiáng de qì liú hòu jǐ jīng yǎn biàn jiù fēng zì de xíng tài ér
翔的气流。后几经演变，就"风"字的形态而
yán fēng de běn yì chè dǐ xiāo shī le
言，"风"的本义彻底消失了。

【字里字外】 ─────────────────

xiǎo péng yǒu nǐ yǒu méi you fàng guo fēng zheng nǐ yǒu méi you zì jǐ zhì zuò fēng zheng lái
小朋友，你有没有放过风筝？你有没有自己制作风筝来
wán jì de fàng fēng zheng de shí hou yào yuǎn lí diàn xiàn zài kōng kuàng de dì fang wán
玩？记得放风筝的时候要远离电线，在空旷的地方玩。

「"风"字的演变过程 」

| 甲骨文 | 小篆 | 隶书 | 楷书 | 楷书（简） |

yùn

晕

　　nǐ yǒu méi you kàn dào guo tài yang huò yuè liang de sì zhōu huán rào
你有没有看到过太阳或月亮的四周环绕

zhe yí gè guāng quān　zhè ge guāng quān jiù jiào yùn　huán rào zhe tài yang
着一个光圈？这个光圈就叫"晕"。环绕着太阳

de guāng quān jiào rì yùn　huán rào zhe yuè liang de jiào yuè yùn　jiǎ gǔ
的光圈叫日晕；环绕着月亮的叫月晕。甲骨

wén de　yùn　zì xiě zuò　　zhōng jiān de　rì　biǎo shì tài
文的"晕"字写作"⊙"，中间的"日"表示太

yang sì zhōu de　　zé biǎo shì bèi tài yang zhé shè de yuán xíng guāng
阳，四周的"⌒"则表示被太阳折射的圆形光

huán hòu lái　yùn　zì de xià miàn gǎi chéng　jūn　zhè shì yīn wei jūn
环。后来"晕"字的下面改成"军"，这是因为军

duì de gōng zuò zhǔ yào shì wéi gōng huò huán shǒu　jiù xiàng zài rì yuè sì
队的工作主要是围攻或环守，就像在日月四

zhōu huán rào le yì quān de guāng yùn
周环绕了一圈的光晕。

『字里字外』

　　zhōng guó zì hěn hǎo wán nǐ kàn yùn hé huī liǎng gè zì dōu shì yóu rì hé jūn
中国字很好玩，你看"晕"和"晖"两个字都是由"日"和"军"

zǔ hé chéng de　kě shì liǎng gè zì de dú yīn hé yì si què dōu bù yí yàng kuài chá cha zì diǎn kàn
组合成的，可是两个字的读音和意思却都不一样！快查查字典看

kan tā men yǒu shén me bù tóng ba
看它们有什么不同吧！

『"晕"字的演变过程 』

| 甲骨文 | 小篆 | 隶书 | 楷书 | 楷书（简） |

shuǐ

水

yǒu le yáng guāng zhī hòu，hái yào yǒu shuǐ cái néng gòu shǐ wàn wù
有了阳光之后，还要有水才能够使万物

shēng zhǎng。gǔ rén zuì cháng kàn dào shuǐ de dì fang jiù shì hé chuān。tā
生长。古人最常看到水的地方就是河川。他

men zhù yì dào hé chuān zhōng yāng bǐ jiào shēn de dì fang shuǐ liú bǐ jiào píng
们注意到河川中央比较深的地方水流比较平

shùn，ér liǎng páng kào jìn àn biān de dì fang shuǐ bǐ jiào qiǎn，shuǐ liú yù
顺，而两旁靠近岸边的地方水比较浅，水流遇

dào de zǔ ài yě bǐ jiào duō，suǒ yǐ zào chéng de bō làng jiù duō，kàn
到的阻碍也比较多，所以造成的波浪就多，看

qǐ lai jiù xiàng shuǐ liú shí duàn shí xù yí yàng。suǒ yǐ "shuǐ" zì zhōng
起来就像水流时断时续一样。所以"水"字中

yāng de shì biǎo shì shuǐ liú píng shùn de yàng zi，liǎng páng de
央的"乀"是表示水流平顺的样子，两旁的"丷"

zé biǎo shì shuǐ liú shí duàn shí xù de yàng zi。
则表示水流时断时续的样子 。

『字里字外』

sú huà shuō，"chī guǒ zi bài shù tóu"，yì si jiù shì shuō rén yào "yǐn shuǐ sī yuán"，yào
俗话说，"吃果子拜树头"，意思就是说人要"饮水思源"，要

cháng cháng xiǎng zhe nǐ jīn tiān yōng yǒu de zhè xiē dōng xi shì zěn me lái de。cháng cún gǎn ēn zhī xīn
常 常 想着你今天拥有的这些东西是怎么来的。常存感恩之心

de rén cái shì yǒu xìn yǒu yì zhī rén。
的人才是有信有义之人。

「"水"字的演变过程」

甲骨文	金文	小篆	隶书	楷书

yǔ

雨

水是从哪里来的呢？其中一部分是从天上降下来的。陆地和海洋表面的水蒸发到空气中，遇冷凝结成小水滴，这些小水滴组成了云。等到云里的小水滴互相碰撞合并成大水滴，并且超过空气浮力的时候，就会从云中落下来变成雨。这个不断循环的过程就是水的循环。"雨"字的"一"表示天空，"冂"表示云，而"⺌"则表示连续不断地掉下来的水滴。

『字里字外』 ————————————

小朋友，你对小水滴的旅行是不是很感兴趣？古人说，"读万卷书，行万里路"，读书可以增长见闻，旅行也可以的！

「 "雨" 字的演变过程 」

甲骨文　　　金文　　　小篆　　　隶书　　　楷书

lín

霖

jiǔ hàn féng gān lín   shì rén shēng sì dà lè shì zhī yī   lín
"久旱逢甘霖"是人生四大乐事之一。"霖"

shì zhǐ xià le hěn jiǔ de yǔ   lín   zì de xià miàn shì   lín   lín
是指下了很久的雨。"霖"字的下面是"林","林"

shì zhǐ hěn duō shù mù jù jí zài yì qǐ   yǒu   zhòng duō   de yì si
是指很多树木聚集在一起,有"众多"的意思。

lín   zì yòng xià miàn de   lín   lái dàng zuò shēng fú   biǎo shì shēng yīn
"霖"字用下面的"林"来当作声符(表示声音

de fú hào   biǎo shì yǔ shuǐ fēng pèi de yì si   ér yǔ xià zài shù lín li
的符号),表示雨水丰沛的意思。而雨下在树林里,

yòu xià le hěn cháng shí jiān   jiā shang shù mù yòu néng gòu hán yǎng shuǐ yuán   shuǐ
又下了很长时间,加上树木又能够涵养水源,水

dāng rán jiù hěn fēng pèi la
当然就很丰沛啦!

【字里字外】 ———————————————

sú huà shuō   yǒu shuǐ dāng sī wú shuǐ zhī kǔ   xiàn zài   wǒ men zhǐ yào dǎ kāi shuǐ lóng
俗话说,"有水当思无水之苦"。现在,我们只要打开水龙

tóu jiù huì yǒu zì lái shuǐ liú chu   yīn wei qǔ shuǐ tài róng yì le cháng huì zào chéng shuǐ zī yuán de
头就会有自来水流出。因为取水太容易了,常会造成水资源的

làng fèi   kě yí dàn tíng shuǐ jiù kǔ bù kān yán   suǒ yǐ wǒ men bì xū jié yuē yòng shuǐ
浪费,可一旦停水就苦不堪言,所以我们必须节约用水!

『"霖"字的演变过程』

甲骨文　　小篆　　隶书　　楷书

xuě

雪

nǐ wán guo dǎ xuě zhàng huò duī xuě rén yóu xì ma nǐ xiǎng guo
你玩过打雪仗或堆雪人游戏吗？你想过

xuě shì cóng nǎ li lái de ma dāng wēn dù tài dī shí tiān kōng zhōng de
雪是从哪里来的吗？当温度太低时，天空中的

shuǐ qì jiù huì zhí jiē níng jié chéng bīng jīng zhè ge bīng jīng jiù shì xuě
水汽就会直接凝结成冰晶。这个冰晶就是雪

huā gǔ rén kàn dào xià xuě jué de xuě gēn yǔ dī yí yàng dōu shì cóng
花。古人看到下雪，觉得雪跟雨滴一样都是从

tiān shàng piāo xia lai de dàn shì xuě kě yǐ yòng shǒu qù ná suǒ yǐ bǎ
天上飘下来的，但是雪可以用手去拿，所以把

xuě de shàng bàn bù xiě zuò yǔ ér xià bàn bù de shǒu
"雪"的上半部写作"雨"，而下半部的手"彐"

zé shì yòng lái qiáng diào xuě shì kě yǐ yòng shǒu ná de
则是用来强调雪是可以用手拿的。

『字里字外』

chéng yǔ xuě zhōng sòng tàn shì zhǐ zài hán lěng de xuě tiān zhōng gěi xū yào de rén sòng
成语"雪中送炭"是指在寒冷的雪天中，给需要的人送

tàn huǒ qǔ nuǎn yòng lái bǐ yù zài bié ren yǒu kùn nan shí jǐ yǔ bāng zhù xiǎo péng yǒu dāng nǐ
炭火取暖，用来比喻在别人有困难时给予帮助。小朋友，当你

kàn dào bié ren yǒu kùn nan shí huì bu huì shēn chu yuán shǒu ne
看到别人有困难时会不会伸出援手呢？

| 甲骨文 | 金文 | 小篆 | 隶书 | 楷书 |

bīng

冰

把一杯水放到冰箱的冷冻室里，等它结冰以后再拿出来，你有没有看到冰层表面的中间部分会凸起来？要是冰冻的时间太久，中间凸起的部分还会裂开呢！古人看到水结冰时中间部分会凸起裂开，所以就造了""字来表示结冰的样子，后来为了要特别说明冰是水结成的坚硬固体物，所以就加了"水"偏旁来强调。

『字里字外』

"冰冻三尺，非一日之寒"的意思是说冰冻了三尺并不是一天的寒冷所造成的，比喻一种情况的形成，要经过长时间的积累、酝酿。所以，我们一定要严于律己，养成好的生活和学习习惯。等到坏习惯养成后，再想改可就不容易了。

【 "冰" 字的演变过程 】

| 甲骨文 | 金文 | 小篆 | 隶书 | 楷书 |

hán

寒

dào le dōng tiān　tiān qì biàn de fēi cháng hán lěng　yóu qí shì wǎn
到了冬天，天气变得非常寒冷，尤其是晚

shang rén men dōu duǒ zài jiā li　bǎ shēn tǐ wō zài mián bèi li qǔ nuǎn
上，人们都躲在家里，把身体窝在棉被里取暖。

gǔ rén zào　hán　zì de shí hou　jiù bǎ rén yīn wei hán lěng ér qǔ nuǎn
古人造"寒"字的时候，就把人因为寒冷而取暖

de yàng zi huà le chū lái　hán　zì shàng miàn de　　　biǎo shì wū
的样子画了出来。"寒"字上面的"宀"表示屋

dǐng zhōng jiān de　　　　　biǎo shì rén wō zài yòng cǎo zuò chéng de nuǎn diàn
顶，中间的"茻"表示人窝在用草做成的暖垫

zi li　xià miàn de　　　　biǎo shì　bīng　jiǎo dǐ lěng de xiàng shì cǎi
子里，下面的"仌"表示"冰"。脚底冷得像是踩

zài bīng shang　zhè dí què shì gòu hán lěng de　le
在冰上，这的确是够寒冷的了。

『字里字外』

xiǎo péng yǒu　shén me shí hou nǐ huì　hán máo zhí shù　ne　shì bu shì dāng nǐ jǐn
小朋友，什么时候你会"寒毛直竖"呢？是不是当你紧

zhāng huò hài pà de shí hou ne　zhè shì yīn wei dāng rén pèng dào wài jiè de cì jī shí máo kǒng
张 或害怕的时候呢？这是因为当人碰到外界的刺激时毛孔

huì shōu suō　hán máo yě gēn zhe shù lì qi lai de yuán gù　xià cì nǐ kě yǐ zǐ xì de guān
会收缩，寒毛也跟着竖立起来的缘故。下次你可以仔细地观

chá yí xià shēn tǐ zài pèng dào bù tóng qíng kuàng shí de fǎn yìng
察一下身体在碰到不同情况时的反应。

『"寒"字的演变过程』

| 金文 | 小篆 | 隶书 | 楷书 |

quán
泉

jiàng luò dào dì shang de yǔ shuǐ，yí bù fen zhēng fā diào le，yí bù
降落到地上的雨水，一部分蒸发掉了，一部

fen liú rù jiāng hé　hái yǒu yí bù fen zé shùn zhe yán shí fèng xì liú dào dì
分流入江河，还有一部分则顺着岩石缝隙流到地

xià　xíng chéng dì xià shuǐ　zhè xiē dì xià shuǐ zài dì dǐ wǎng dī chù liú a
下，形成地下水。这些地下水在地底往低处流啊

liú　jiǎ rú tā men zài shān pō chù zhǎo dào chū kǒu chóng xīn liú huí dì miàn
流，假如它们在山坡处找到出口重新流回地面，

jiù xíng chéng le quán shuǐ　kàn kan　quán　zì de shàng bàn bù　xiàng bu
就形成了泉水。看看"泉"字的上半部"白"像不

xiàng quán xué　xià miàn de　　jiù shì cóng quán xué li liú chu de shuǐ
像泉穴？下面的"水"就是从泉穴里流出的水。

zhè xiē shuǐ huì yì zhí wǎng qián liú　chéng wéi hé chuān de yuán tóu　yuán　zì
这些水会一直往前流，成为河川的源头。"源"字

de yòu bàn biān yě shì cóng　quán　zì yǎn biàn lái de
的右半边也是从"泉"字演变来的。

『字里字外』 ————————————

měi yì zhǒng shì wù dōu yǒu tā de yuán tóu　xiǎo péng yǒu　nǐ zhī dao zì jǐ de zǔ xiān shì
每一种事物都有它的源头。小朋友，你知道自己的祖先是

cóng nǎ li lái de ma　rú guǒ jiā li yǒu　zú pǔ　nà jiù dòng shǒu fān yi fān　chá yi chá
从哪里来的吗？如果家里有"族谱"，那就动手翻一翻，查一查

ba
吧！

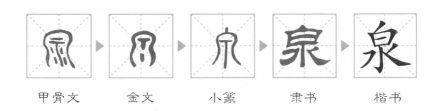

甲骨文　　金文　　小篆　　隶书　　楷书

yǒng

永

古文的"永"字被画成两条河流在途中相汇、聚集之后，变成一条长河继续往前奔流的样子。因为有其他的水流汇集进来，所以河流能够源源不绝地流下去，因此也就有了"长远""久远"的意思。现在"永"字的用法仍保留了它的本义，如"永远"。

『字里字外』

学生初学毛笔字的时候，老师总会从"永字八法"开始教起。你知道为什么要先学这个字吗？认真地想一想，说不定会对你学习书法有所启示呢！

『 "永" 字的演变过程 』

| 甲骨文 | 金文 | 小篆 | 隶书 | 楷书 |

pài

派

　　shuǐ hé liú shì yǒng zì shuǐ fēn liú zé shì pài zì zài gǔ
　　水合流是"永"字；水分流则是"派"字。在古
wén zhōng pài zì yuán běn méi you zuǒ bian de shuǐ piān páng huà de jiù
文中，"派"字原本没有左边的"水"偏旁，画的就
xiàng shì yǒng zì zuǒ yòu xiāng fǎn de yàng zi biǎo shì de jiù shì
像是"永"字左右相反的样子。"𣲖"表示的就是
shuǐ de zhī liú hòu lái yòu jiā shang yí gè shuǐ piān páng yòng lái qiáng diào
水的支流，后来又加上一个"水"偏旁，用来强调
shì yóu yì tiáo dà hé liú fēn chu qu de xiǎo zhī liú suǒ wèi de fēn pài
是由一条大河流分出去的小支流。所谓的"分派"，
qí yuán yóu biàn zài cǐ wǒ men xiàn zài cháng cháng tīng dào de mǒu mǒu pài bié
其缘由便在此。我们现在常常听到的某某派别，
běn yì yě shì cóng zhè li lái de
本义也是从这里来的。

『字里字外』 ——————

kàn wǔ xiá jù de shí hou wǒ men huì jīng cháng kàn dào hěn duō wǔ gōng pài bié xiàng shào lín
看武侠剧的时候，我们会经常看到很多武功派别，像少林
pài wǔ dāng pài é méi pài děng xiǎo péng yǒu nǐ zuì xǐ huan nǎ ge pài bié de wǔ gōng wèi shén
派、武当派、峨眉派等。小朋友，你最喜欢哪个派别的武功？为什
me
么？

『 "派" 字的演变过程 』

| 金文 | 小篆 | 隶书 | 楷书 |

zhī

汁

混有某种物质的水就是"汁"。"汁"字的左
边是水"氵",右边是十"十"。"十"有很多、很杂
的意思。想一想你吃饭时浇在饭上的肉汁、汤汁,
或是最喜欢喝的果汁,是不是都是由很多其他物
质和水组成的?另外包含在物体里面的水也叫
"汁",像树汁等。

『字里字外』

小朋友,你写毛笔字的时候是不是要先磨墨汁呀?黑黑的
墨汁弄在衣服上是很难洗掉的,所以在写毛笔字时一定要特
别小心,以免弄得到处都脏兮兮的。

小篆　　　隶书　　　楷书

pào

泡

　　古人最容易看到泡泡的地方是在水边。注意
看漂浮在水边的泡泡，是不是很像有其他的东西
被包在里面？

　　有时候，泡泡里会包着一些脏东西，有时
候包着的只是空气而已。因为古人观察过泡泡的
样子，所以就把"泡"的右边用"包"来表示它的特
性。看看包"⊕"这个字，像不像有东西被包裹在
里面的样子呢？

『字里字外』

　　小朋友，你有没有玩过"吹泡泡"的游戏？游戏很简单，你
用一根吸管吸一点儿肥皂水，然后轻轻一吹，就会有很多美
丽的泡泡从吸管里跑出来，飘到空中去了。

『 "泡" 字的演变过程 』

小篆　　　隶书　　　楷书

huǒ

火

学会用火是人类历史上一个伟大的里程碑。火的使用使人类彻底结束了茹毛饮血的生活。想想看，捕获一只野兽，直接把它的肉拿来生吃，这样的肉会好吃吗？倘若用火来烤熟，肉就会变得香喷喷的，很好吃了。

甲骨文的"火"字，就是依照火在燃烧的样子"🔥"造出来的。"火"字的字形，像不像烈火熊熊燃烧的样子？

『字里字外』 ———————

"星星之火，可以燎原"是说只要一点点小火星，就可以把整个原野烧起来。比喻小事可以酿成大变。也比喻新生事物开始时虽然弱小，但有广阔的发展前途。

「"火"字的演变过程 」

| 甲骨文 | 金文 | 小篆 | 隶书 | 楷书 |

chì

赤

dāng huǒ jiē chù dào gān zào de wù pǐn jí dà liàng de yǎng qì
当火接触到干燥的物品及大量的氧气

shí jiù huì rán shāo de yuè lái yuè wàng dà huǒ de yán sè bǐ hóng sè
时，就会燃烧得越来越旺。大火的颜色比红色

yào qiǎn yì diǎn er yě jiù shì chì sè chì zì jiù shì yóu dà
要浅一点儿，也就是"赤色"。"赤"字就是由大

yǔ huǒ zǔ hé ér chéng yòng lái biǎo shì xiàng dà huǒ de nà
"大"与火"火"组合而成，用来表示像大火的那

zhǒng yán sè
种颜色。

『字里字外』

huǒ yàn de yán sè yǒu hěn duō zhǒng zhè qǔ jué yú rán shāo de wēn dù yǔ rán liào de chéng
火焰的颜色有很多种。这取决于燃烧的温度与燃料的 成

fèn suǒ yǐ jié rì shí rán fàng de yān huā jiù yǒu hěn duō zhǒng piào liang de yán sè xiǎng yi
分。所以，节日时燃放的烟花就有很多种漂亮的颜色。想一

xiǎng nǐ kàn guo nǎ xiē yán sè de yān huā
想，你看过哪些颜色的烟花？

『"赤"字的演变过程』

| 甲骨文 | 金文 | 小篆 | 隶书 | 楷书 |

yān

烟

yān shì wù tǐ rán shāo shí suǒ chǎn shēng de qì tǐ　yān zì
烟是物体燃烧时所产生的气体。"烟"字

zuì chū jiù shì yī zhào zài chuāng tái xià　　　yòng shǒu　　　ná chái huo
最初就是依照在窗台下"窗"用手"屮"拿柴火

qù shāo dōng xi　rán shāo wù chǎn shēng de qì tǐ cóng chuāng hu piāo chu lai
去烧东西,燃烧物产生的气体从窗户飘出来

de yàng zi zào de　yīn wei shāo dōng xi shí huì chǎn shēng dà liàng de yān
的样子造的。因为烧东西时会产生大量的烟,

yān huì mí màn piāo sàn de zhěng jiān wū zi dōu shì　yòu xūn yǎn yòu qiàng
烟会弥漫飘散得整间屋子都是,又熏眼又呛

rén suǒ yǐ jiù zhǐ hǎo bǎ chuāng hu dǎ kāi　ràng yān piāo sàn chu qu
人,所以就只好把窗户打开,让烟飘散出去。

『字里字外』

chéng yǔ　yān xiāo yún sàn　bǐ yù shì wù xiāo shī xiàng yún yān piāo sàn yí yàng　wú yǐng
成语"烟消云散"比喻事物消失像云烟飘散一样,无影

wú zōng　xiǎo péng yǒu　dāng nǐ gēn bié ren chǎo jià nào biè niu hòu　shì bu shì néng hěn kuài jiù xiǎng
无踪。小朋友,当你跟别人吵架闹别扭后,是不是能很快就想

kāi　ràng bù gāo xìng de qíng xù dōu yān xiāo yún sàn ne
开,让不高兴的情绪都烟消云散呢?

甲骨文　　　小篆　　　隶书　　　楷书

jiāo
焦

gǔ shí hou sēn lín li fā shēng dà huǒ bǎ lái bu jí táo shēng
古时候，森林里发生大火，把来不及逃生

de xiǎo dòng wù dōu kǎo shú le gǔ rén jiù ná zhè xiē kǎo shú de ròu
的小动物都烤熟了。古人就拿这些烤熟的肉

lái chī jué de bǐ shēng de yào hǎo chī de duō yú shì jiù dǒng de le
来吃，觉得比生的要好吃得多，于是就懂得了

shǐ yòng huǒ bú guò huǒ tài dà de huà shí wù jiù bèi kǎo jiāo le
使用火。不过，火太大的话，食物就被烤焦了。

jiāo zì de shàng bàn bù fen běn lái shì sān zhī niǎo biǎo shì hěn duō
"焦"字的上半部分本来是三只鸟（表示很多

niǎo de yì si hòu lái shěng lüè chéng yì zhī xià miàn shì yì bǎ
鸟的意思，后来省略成一只），下面是一把

huǒ qiáng diào yòng dà huǒ kǎo jiù huì bǎ xiǎo niǎo gěi kǎo jiāo le
火，强调用大火烤，就会把小鸟给烤焦了。

『字里字外』

xiǎo péng yǒu nǐ píng shí yào shi méi you hǎo hǎo de wēn xí gōng kè děng dào kǎo shì de shí
小朋友，你平时要是没有好好地温习功课，等到考试的时

hou huì bu huì jué de jiāo tóu làn é bù zhī dao gāi rú hé zhǔn bèi ne suǒ wèi gōng fu zài
候，会不会觉得"焦头烂额"，不知道该如何准备呢？所谓"功夫在

píng shí píng rì li yí dìng yào qín jiā fù xí zhè yàng kǎo shì shí cái néng cóng róng yìng duì
平时"，平日里一定要勤加复习，这样考试时才能从容应对。

金文　　　小篆　　　隶书　　　楷书

huī

灰

dà huǒ bǎ dōng xi shāo guāng hòu　jiù huì zhǐ shèng xia yì duī huī
大火把东西烧光后，就会只剩下一堆灰

jìn　huī shì zhǐ kě yǐ yòng shǒu ná qi lai de bèi huǒ shāo wán hòu
烬。"灰"是指可以用手拿起来的被火烧完后

de shèng yú wù
的剩余物。

gǔ rén zài zào huī zì de shí hou qǔ de jiù shì zhè ge
古人在造"灰"字的时候，取的就是这个

yì si　huī de shàng bàn bù ㇕ shì shǒu xià bàn bù 火 shì
意思。"灰"的上半部"㇕"是手，下半部"火"是

huǒ yòng lái biǎo shì kě yǐ bèi ná qi lai de huǒ shāo wán hòu de shèng yú
火，用来表示可以被拿起来的火烧完后的剩余

wù yě jiù shì huī jìn
物，也就是灰烬。

『字里字外』 ——————————————————

chéng yǔ huī xīn sàng qì de yì si shì shuō yīn wei pèng dào cuò zhé huò shī bài ér shī
成语"灰心丧气"的意思是说因为碰到挫折或失败而失

qù xìn xīn yì qì xiāo chén xiǎo péng yǒu shī bài huò cuò zhé shì měi gè rén de yì shēng zhōng
去信心、意气消沉。小朋友，失败或挫折是每个人的一生中

dōu huì yù dào de zài shī bài huò cuò zhé miàn qián wǒ men bù néng huī xīn sàng qì ér yào yǐ jī
都会遇到的。在失败或挫折面前，我们不能灰心丧气，而要以积

jí lè guān de xīn tài qù miàn duì zhǐ yǒu zhè yàng wǒ men cái néng shōu huò rén shēng de jīng cǎi
极乐观的心态去面对。只有这样，我们才能收获人生的精彩。

金文　　小篆　　隶书　　楷书

fén
焚

"焚"字是由"林"和"火"组成的，也就是放火烧树林的意思。古人放火烧林是为了清除树木间的灌木或杂草，以方便打猎。因为要是树林中的杂草太多，就会大大增加追捕猎物的难度，所以在打猎之前要先对那些杂乱的草木进行清理。现在，我们提倡保护环境，保护野生动物，焚林的行为当然是不允许的了。

『字里字外』

小朋友，到野外去郊游、野炊的时候，记得要用水把火熄灭后才可以离开，免得不小心留下火种，造成森林火灾，那就糟糕了！

「"焚"字的演变过程」

| 甲骨文 | 金文 | 小篆 | 隶书 | 楷书 |

zāi

灾

xiàng dì zhèn hǎi xiào shān hóng bào fā děng zì rán zāi hài cháng cháng
像地震、海啸、山洪爆发等自然灾害，常常

shì rén lì wú fǎ kàng jù de zāi zì jiù shì gǔ rén gēn jù tā men
是人力无法抗拒的。"灾"字，就是古人根据他们

suǒ zāo yù de zāi hài lái zào de zāi de shàng bàn bù shì hé
所遭遇的灾害来造的。"灾"的上半部"巛"，是河

chuān bèi zǔ duàn de yì si hé chuān bèi zǔ duàn jiù huì nào
川"川"被"一"阻断的意思。河川被阻断就会闹

shuǐ zāi le rán hòu zài zhè ge biǎo shì hài de yì si de zì xià fāng jiā
水灾了。然后，在这个表示"害"的意思的字下方加

yí gè huǒ jiù biàn chéng huǒ zāi le huǒ zāi gēn shuǐ zāi dōu shì rén men
一个"火"，就变成火灾了。火灾跟水灾都是人们

zuì cháng yù dào de zāi hài suǒ yǐ gǔ rén jiù zào le zhè ge zì lái tí xǐng
最常遇到的灾害。所以，古人就造了这个字来提醒

zì jǐ yào xiǎo xīn
自己要小心。

『字里字外』

qí shí yǒu hěn duō zāi hài wǒ men dōu shì kě yǐ yù xiān fáng fàn de chéng yǔ fáng huàn yú
其实，有很多灾害我们都是可以预先防范的。成语"防患于

wèi rán jiù shì zhè ge yì si xiǎo péng yǒu men píng shí yào zhù zhòng xùn liàn zì jǐ de yìng biàn
未然"就是这个意思。小朋友们平时要注重训练自己的应变

néng lì duō xué xí yì xiē táo shēng zhī shi zhè yàng zài zāi hài tū rán lái lín shí kě yǐ ān quán
能力，多学习一些逃生知识，这样在灾害突然来临时，可以安全

xùn sù de táo shēng
迅速地逃生。

『"灾"字的演变过程』

| 甲骨文 | 金文 | 小篆 | 隶书 | 楷书 |

shān

山

zài hěn jiǔ hěn jiǔ yǐ qián de jiù shí qì shí dài wǎn qī
在很久很久以前的"旧石器时代"晚期，

yǒu yì qún yuán shǐ rén jū zhù zài shān dǐng de dòng xué li hòu lái tā
有一群原始人居住在山顶的洞穴里。后来，他

men de huà shí bèi wā jué chu lai jīng yán jiū fā xiàn zhè xiē rén shì
们的化石被挖掘出来。经研究发现，这些人是

rén lèi hěn zǎo yǐ qián de zǔ xiān bèi chēng wéi shān dǐng dòng rén suǒ
人类很早以前的祖先，被称为"山顶洞人"。所

yǐ rén lèi zuì chū shí yě gēn dòng wù yí yàng dōu shì zhù zài shān li
以，人类最初时也跟动物一样，都是住在山里

de kàn yi kàn shān zì de jiǎ gǔ wén xiàng bu xiàng shān
的。看一看"山"字的甲骨文"⛰️"，像不像山

fēng hé shān gǔ lián mián bù jué de yàng zi
峰和山谷连绵不绝的样子？

『字里字外』

sú yǔ shān wài yǒu shān rén wài yǒu rén shì zhǐ zhè ge dōng xi hǎo kě hái yǒu bǐ tā
俗语"山外有山，人外有人"是指这个东西好，可还有比它

gèng hǎo de dōng xi yě zhǐ zài běn lǐng gāo qiáng de rén zhī wài hái yǒu gèng gāo qiáng de rén
更好的东西。也指在本领高强的人之外，还有更高强的人。

zhè jù huà gào su wǒ men zuò rén yí dìng yào qiān xū jǐn shèn bù kě yǐ jiāo ào zì dà
这句话告诉我们，做人一定要谦虚、谨慎，不可以骄傲自大！

「"山"字的演变过程」

| 甲骨文 | 金文 | 小篆 | 隶书 | 楷书 |

shí

石

dì zhèn de shí hou　　hěn duō tǔ shí huì shùn zhe shān pō gǔn luò
地震的时候，很多土石会顺着山坡滚落。

gǔ rén zài zào　shí　zì shí　yí dìng kàn guo tǔ shí cóng shān pō huò
古人在造"石"字时，一定看过土石从山坡或

shān yá shangwǎng xià gǔn luò de qíng jǐng　suǒ yǐ shí de shàng bàn bù
山崖上往下滚落的情景，所以石的上半部"厂

shì shān pō de yàng zi　xià bàn bù　　zé shì shān shang gǔn xia
"是山坡的样子，下半部"口"则是山上滚下

de shí zǐ er de yàng zi　shí tou shì zěn yàng xíng chéng de ne　zài dì
的石子儿的样子。石头是怎样形成的呢？在地

dǐ wēn dù hěn gāo de dì fang　suǒ yǒu de wù zhì dōu bèi róng huà le
底温度很高的地方，所有的物质都被熔化了。

jiǎ rú zhè xiē bèi róng huà de wù zhì wǎng shàng liú dào dì miàn shang　yīn
假如这些被熔化的物质往上流到地面上，因

wei dì biǎo de wēn dù jiào dī　　tā men jiù huì níng jié chéng gù tǐ　yú
为地表的温度较低，它们就会凝结成固体，于

shì jiù xíng chéng le　gè zhǒng shí tou
是就形成了各种石头。

【字里字外】 ————————————

xiǎo péng yǒu　　nǐ zhī dao shí tou gēn xiǎo shuǐ dī yí yàng　yě yǒu yí gè yǒu qù de lǚ xíng
小朋友，你知道石头跟小水滴一样，也有一个有趣的旅行

guò chéng ma　xiǎng yi xiǎng xiǎo shí tou de lǚ xíng shì zěn yàng de　huì bu huì chōng mǎn jīng xiǎn yǔ
过程吗？想一想，小石头的旅行是怎样的？会不会充满惊险与

cì jī ne　lǚ xíng dào zuì hòu　xiǎo shí tou huì biàn chéng shén me ne
刺激呢？旅行到最后，小石头会变成什么呢？

『“石”字的演变过程 』

| 甲骨文 | 金文 | 小篆 | 隶书 | 楷书 |

shā

沙

小石头旅行到最后会渐渐变成一粒粒的小沙子。因为它们或者经过风吹雨打,渐渐碎裂;或者滚入河流中被水流冲刷,这都会让它们慢慢地变小。原来尖尖的棱角也会在一站又一站的旅途中被磨圆、磨平。这些在河流中旅行的小沙子,只有在水比较少、比较浅的地方才能够看见。只有在水少时才可以看见"沙",这就是它的造字由来。

『字里字外』

小朋友,你有没有注意到,每个沙滩上的沙的形状都不大一样?有的地方是白白的贝壳沙,有的地方是黑色的玄武岩沙……下次去沙滩玩时,记得观察一下它们有什么不同!

『 "沙" 字的演变过程 』

| 金文 | 小篆 | 隶书 | 楷书 |

tǔ

土

dà dì shì wàn wù zhī mǔ　yùn yù le zhòng duō de shēng wù
大地是万物之母,孕育了众多的生物。

yī zhào shí wù liàn de guān xi　zhè xiē shēng wù zài dì qiú shang fán
依照食物链的关系,这些生物在地球上繁

yǎn　shēng xī　tǔ　zì xià miàn de　　biǎo shì dà dì　shàng miàn
衍、生息。"土"字下面的"一"表示大地,上面

de　　zé biǎo shì yǒu dōng xi cóng tǔ zhōng mào chu lai　qí shí
的"◇"则表示有东西从土中冒出来。其实,

chú le tǔ dì shang de dōng xi wài　hái yǒu hěn duō kuàng wù　shēng wù
除了土地上的东西外,还有很多矿物、生物

mái cáng huò shēngzhǎng zài dì dǐ xia
埋藏或生长在地底下。

『字里字外』 ────────────────────

wǒ men zhǐ yǒu yí gè dì qiú　kě shì wǒ men cháng cháng huì yǒu yì wú yì de shāng hài
我们只有一个地球,可是我们常常会有意无意地伤害

shēng yǎng wǒ men de dì qiú mā ma　zài zhè yàng xià qu　dì qiú mā ma jiù huì shēng bìng sǐ diào
生养我们的地球妈妈。再这样下去,地球妈妈就会生病死掉

le xiǎng yi xiǎng wǒ menyīng zěn yàngbǎo hù huán jìng ràng dì qiú mā ma huī fù jiàn kāng
了。想一想,我们应怎样保护环境,让地球妈妈恢复健康?

「"土" 字的演变过程」

| 甲骨文 | 金文 | 小篆 | 隶书 | 楷书 |

chén

尘

lù de tuǐ xiū cháng ér jiǎo jiàn yǒu lì fēi cháng shàn yú bēn
鹿的腿修长而矫健有力，非常善于奔

pǎo dāng yì qún lù yì qǐ bēn pǎo shí fēi yáng qǐ lai de chén tǔ yí
跑。当一群鹿一起奔跑时，飞扬起来的尘土一

dìng hěn duō zài gǔ wén li sān gè xiāng tóng de fú hào jiù biǎo shì
定很多。在古文里，三个相同的符号，就表示

zhòng duō de yì si chén zì jiù shì àn zhào zhòng duō de lù yì
"众多"的意思。"尘"字就是按照众多的鹿一

qǐ bēn pǎo chén tǔ fēi yáng de yàng zi zào de hòu lái chén zì
起奔跑，尘土飞扬的样子造的。后来，"尘"字

shàng tou de sān zhī lù shěng lüè wéi yì zhī lù réng shì biǎo shì chén
上头的三只鹿省略为一只鹿，仍是表示"尘

tǔ de yì si
土"的意思。

『字里字外』

lí míng jí qǐ sǎ sǎo tíng chú shì gǔ rén chuán gěi zǐ sūn de tíng xùn yì si shì
"黎明即起，洒扫庭除"，是古人传给子孙的庭训。意思是

shuō yí dà zǎo qǐ chuáng yào xiān bǎ jū zhù de dì fang dǎ sǎo gān jìng zài chī fàn zuò shì xiǎo
说，一大早起床，要先把居住的地方打扫干净，再吃饭、做事。小

péng yǒu zài xué xiào yào zūn shǒu wèi shēng shǒu zé zhǐ yǒu bǎ jiào shì de wèi shēng dǎ sǎo gān jìng cái
朋友在学校要遵守卫生守则，只有把教室的卫生打扫干净才

nénggèng hǎo de xué xí
能更好地学习。

小篆　　　隶书　　　楷书　　　楷书（简）

yù

玉

　　gǔ rén xǐ huan pèi dài yù　　yì bān dōu shì yòng shéng zi bǎ duō
古人喜欢佩戴玉，一般都是用绳子把多

kuài yù chuān zài yì qǐ　xì zài yī fu shang　　yù　zì de sān héng
块玉穿在一起，系在衣服上。"玉"字的三横

　　 biǎo shì sān kuài yù　zhōng jiān de　yì cháng shù　　biǎo shì chuān
"三"表示三块玉，中间的一长竖"丨"表示穿

yù de shéng zi　　　 yù　zì běn xiě zuò　wáng　　hòu lái wèi le yǔ biǎo
玉的绳子。"玉"字本写作"王"，后来为了与表

shì dì wáng de　wáng　zì yǒu suǒ qū fēn　　jiù duō jiā yì diǎn
示帝王的"王"字有所区分，就多加一点"丶"。

xiàn zài ná lai dàng bù shǒu de　　yù　zì yě xiě zuò　wáng　　 xié yù
现在拿来当部首的"玉"字也写作"王"（斜玉

páng
旁）。

『字里字外』————————

　　sān zì jīng　 li yǒu yí jù　　yù bù zhuó bù chéng qì　　　 yì si shì shuō yù méi you jīng
《三字经》里有一句"玉不琢，不成器"，意思是说玉没有经

guò diāo zhuó　 jiù bù néng biàn chéng měi lì de qì wù　　xiǎo péng yǒu　　nǐ xiàn zài jiù xiàng yí kuài pú
过雕琢，就不能变成美丽的器物。小朋友，你现在就像一块璞

yù　jīn tiān de xué xí　　dōu shì zài wèi nǐ rì hòu de chéng cái dǎ jī chǔ
玉，今天的学习，都是在为你日后的成材打基础。

088

| 甲骨文 | 金文 | 小篆 | 隶书 | 楷书 |

bèi

贝

bèi ké shì shēng huó zài hǎi li de ruǎn tǐ dòng wù yòng lái bǎo
贝壳是生活在海里的软体动物用来保

hù shēn tǐ de ké jiǎ gǔ wén de bèi zì huà de jiù shì bèi lèi
护身体的壳。甲骨文的"贝"字,画的就是贝类

bǎ liǎng shàn ké zhāng kai de yàng zi liǎng shàn bèi ké zhōng jiān yǒu rèn dài
把两扇壳张开的样子。两扇贝壳中间有韧带

xiāng lián suǒ yǐ bèi lèi kě yǐ qīng sōng de bǎ bèi ké dǎ kāi huò hé
相连,所以贝类可以轻松地把贝壳打开或合

qi lai děng dào bèi lèi sǐ qù lǐ miàn ruǎn ruǎn de ròu làn diào huò bèi
起来。等到贝类死去,里面软软的肉烂掉或被

chī diào zhī hòu jiù zhǐ shèng xia yìng yìng de bèi ké le zài gǔ dài
吃掉之后,就只剩下硬硬的贝壳了。在古代,

bèi hái céng jīng shì huò bì de yì zhǒng kě yǐ yòng tā lái mǎi mài
"贝"还曾经是货币的一种,可以用它来买卖

shāng pǐn
商品。

『字里字外』—————————

shēng huó zài hǎi dǐ de bèi lèi shēng wù yǒu hěn duō zhǒng lèi tā men wài ké de xíng
生活在海底的贝类生物有很多种类,它们外壳的形

zhuàng hé yán sè dōu bù yí yàng xiǎopéng yǒu nǐ rèn shi nǎ jǐ zhǒng bèi ké ne
状和颜色都不一样。小朋友,你认识哪几种贝壳呢?

【"贝"字的演变过程】

甲骨文　　金文　　小篆　　隶书　　楷书　　楷书（简）

chuān
川

liú jīng liǎng zuò shān zhī jiān de hé liú tǒng chēng wéi chuān gǔ
流经两座山之间的河流统称为"川"。古

rén zài zào zhè ge zì de shí hou tè bié bǎ liǎng àn de yàng zi
人在造这个字的时候，特别把两岸的样子"乁"

huà chu lai zhōng jiān nà yì bǐ biǎo shì bù tíng liú dòng de shuǐ
画出来，中间那一笔表示不停流动的水"氵"。

zhè xiē hé chuān li de shuǐ liú dào zhōng tú huì zài huì jí qí tā hé
这些河川里的水流到中途会再汇集其他河

chuān de shuǐ yì zhí xiàng dà hǎi liú qu ér dà hǎi zé huì jù jí zhè
川的水，一直向大海流去。而大海则会聚集这

xiē hé chuān dài lai de yíng yǎng wù zhì lái shēng yǎng hěn duō shēng wù
些河川带来的营养物质，来生养很多生物，

chéng wéi yí gè zī yuán fēng fù de bǎo zàng
成为一个资源丰富的宝藏。

『字里字外』 ────────────

chéng yǔ chuān liú bù xī shì shuō hé chuān bù tíng de wǎng qián liú yǒng yuǎn bù tíng
成语"川流不息"是说河川不停地往前流，永远不停

zhǐ xiǎo péng yǒu qǐng nǐ xiǎng yi xiǎng nǐ suǒ kàn dào de hé chuān zuì hòu yào liú rù nǎ yí
止。小朋友，请你想一想，你所看到的河川最后要流入哪一

gè hǎi yáng ne
个海洋呢？

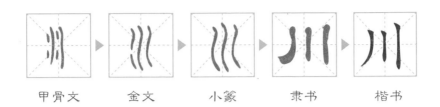

| 甲骨文 | 金文 | 小篆 | 隶书 | 楷书 |

zhōu

州

在河川的中间，常常可以看到一块高出来
的土地。在这块土地上，因为有泥土和河川带来的
养分，所以有很多动植物在这里生活。这样的土
地在古代就叫作"州"，因为它是在河水中间形成
的。看看古代"州"字的写法"巛"，是不是很像水
中一块凸出的土地呢？

现代汉语的"州"字，主要的意思则是指旧时的
一种行政规划。而"洲"字则是指河流中由泥沙淤
积而成的陆地。这是汉字古今意义变化的结果。

『字里字外』

因为河中的小州四周有水围绕，所以里面有很多小鱼
在游来游去。那些小鱼可都是小白鹭鸶的美味佳肴呢！下次你
注意观察河中的小洲，是不是有很多小白鹭鸶躲在小树林里？

| 甲骨文 | 金文 | 小篆 | 隶书 | 楷书 |

gǔ

谷

　　　　　　gǔ　　shì quán shuǐ liú wǎng dà hé chuān zhī qián　　suǒ jīng guò de jiā
　　"谷"是泉水流往大河川之前，所经过的夹
zài liǎng shān zhī jiān de　dī wā dì　　　gǔ　　zì shàng bàn bù de　　　biǎo
在两山之间的低洼地。"谷"字上半部的"公"表
shì yào liú chu shān gǔ de shuǐ　　zhǐ yǒng xiàn chū yì xiǎo bù fen　　ér xià miàn de
示要流出山谷的水，只涌现出一小部分，而下面的
　　　zé shì zhǐ shuǐ liú chu de gǔ kǒu　　suǒ yǐ　　　gǔ　　zì zuì chū de
"廿"则是指水流出的谷口。所以，"谷"字最初的
xíng tǐ　　　jiù　jù yǒu shuǐ liú chu gǔ kǒu de dòng tài měi　　xiàn zài zé shì zhuān
形体，就具有水流出谷口的动态美，现在则是 专
zhǐ　shān gǔ　　zhè zhǒng dì xíng
指"山谷"这种地形。

『字里字外』 ━━━━━━━━━━━━━━

　　　　xiǎo péng yǒu　qǐng nǐ dòng shǒu chá yi chá　kàn kan dài bù shǒu　gǔ　　de zì yǒu nǎ xiē
　　　　小朋友，请你动手查一查，看看带部首"谷"的字有哪些？
zhè xiē zì shì bu shì dōu hé　shān gǔ　yǒu guān xi ne
这些字是不是都和"山谷"有关系呢？

『“谷”字的演变过程』

| 甲骨文 | 金文 | 小篆 | 隶书 | 楷书 |

yá

崖

　　měi zuò shān yá dōu yǒu hěn dǒu qiào de yán bì　　　yá　　zì de xià
　　每座山崖都有很陡峭的岩壁。"崖"字的下

miàn shì　　　　shì chóng dié de liǎng gè　　tǔ　　zì　biǎo shì　gāo　　de yì
面是"圭"，是重叠的两个"土"字，表示"高"的意

sī　　　　　　zé biǎo shì yóu shān shí xíng chéng de　yá　bì　shàng miàn zài jiā yī
思；"厂"则表示由山石形成的崖壁；上面再加一

gè　shān　de piān páng　zé yòng lái qiáng diào zhè shì shān de yá　shì fēi cháng
个"山"的偏旁，则用来强调这是山的崖，是非常

gāo　　fēi cháng dǒu qiào hé　wēi xiǎn de
高、非常陡峭和危险的。

『字里字外』————————————

　　xiǎo péng yǒu　　nǐ pá shān de shí hou yí dìng yào zhù yì　ān quán　yóu qí shì shān lù xiá zhǎi
　　小朋友，你爬山的时候一定要注意安全！尤其是山路狭窄

de dì fang　lìng yì biān wǎng wǎng jiù shì xiǎn jùn de shān yá　qiān wàn bú yào zài nà li pāi zhào dòu
的地方，另一边往往就是险峻的山崖，千万不要在那里拍照、逗

liú
留！

崖 ▸ 崖 ▸ 崖

小篆　　隶书　　楷书

xiá

峡

liǎng shān zhī jiān huì jù shuǐ liú de dì fang jiù jiào zuò xiá
两山之间汇聚水流的地方就叫作"峡"。

xiá zì de yòu bian shì jiā ér jiā jiù shì páng biān yǒu liǎng
"峡"字的右边是"夹";而"夹"就是旁边有两

gè rén cè zhe shēn zi bǎ zhōng jiān zhèng miàn zhàn zhe de
个人侧着身子"𠂉""𠂆",把中间正面站着的

nà gè rén de liǎng zhī gē bo jiā qi lai liǎngshān jiā yì shuǐ de yàng
那个人"大"的两只胳膊夹起来。两山夹一水的样

zi yě hěn xiàng liǎng gè rén jiā yí gè rén zuǒ bian zài jiā gè shān piān
子也很像两个人夹一个人,左边再加个"山"偏

páng yòng lái qiáng diào nà shì bèi shān jiā zài zhōng jiān de dì xíng yě jiù shì
旁,用来强调那是被山夹在中间的地形,也就是

xiá xiàng hǎi xiá xiá wān děng
"峡",像海峡、峡湾等。

『字里字外』 ——————————

yǒu shān yòu yǒu shuǐ de fēng jǐng shì zuì piào liang de yóu shān hé shuǐ suǒ xíng chéng de dì
有山又有水的风景是最漂亮的。由山和水所形成的地

xíng yǒu hěn duō zhǒng nǐ dōu rèn shi qí zhōng de nǎ jǐ zhǒng ne
形有很多种,你都认识其中的哪几种呢?

『 "峡" 字的演变过程 』

山竗 ▶ 山竗 ▶ 峡 ▶ 峡

小篆　　　隶书　　　楷书　　楷书（简）

dǎo

岛

dǎo shì sì miàn huán shuǐ de shān　yīn wei dǎo shang zī yuán fēng fù　suǒ
岛是四面环水的山。因为岛上资源丰富，所

yǐ yǒu hěn duō niǎo lèi zài cǐ qī xī　mì shí　dǎo　zì biàn shì yóu niǎo
以有很多鸟类在此栖息、觅食。"岛"字便是由"鸟

zài shān　de xiàn xiàng zào chu lai de　shàng miàn de　shì niǎo zì shěng
在山"的现象造出来的，上面的"鸟"是"鸟"字省

lüè xià miàn de sì diǎn　bǎ sì diǎn huàn chéng shān　shì yòng cǐ lái qiáng diào
略下面的四点；把四点换成"山"，是用此来强调

zhè zhǒng dì xíng shì shān de yí bù fen
这种地形是山的一部分。

『字里字外』 ——————————

jiǎ rú nǐ cháng nián jū zhù zài hǎi dǎo shang biàn kě yǐ jīng cháng kàn dào yǒu hòu niǎo fēi lai
假如你常年居住在海岛上，便可以经常看到有候鸟飞来

guò dōng xiǎo péng yǒu nǐ zhī dao nǐ jū zhù de dì fang yǒu nǎ xiē hòu niǎo ma
过冬。小朋友，你知道你居住的地方有哪些候鸟吗？

『 "岛" 字的演变过程 』

| 小篆 | 隶书 | 楷书 | 楷书（简） |

xué

穴

xué shì liǎng kuài xiāng xiàng de shí yá suǒ gòu chéng de shí dòng jí jù
穴是两块相向的石崖所构成的石洞,即巨

yán zhōng de dòng kū xué zì huà de jiù shì yí gè shēn dòng de yàng zi
岩中的洞窟。"穴"字画的就是一个深洞的样子:

shàngmiàn lóng qǐ liǎng biān qīng xié de bù fen dōu bèi tǔ fù gài zhe zhǐ yǒu
上面隆起、两边倾斜的部分,都被土覆盖着,只有

zhōng jiān shì xū kōng de kě yǐ lì yòng xué zì de zào xíng hěn yǒu qù
中间是虚空的,可以利用。"穴"字的造型很有趣,

nǐ hái kě yǐ qīng chu de kàn jiàn dòng xué de rù kǒu zài nǎ li ne
你还可以清楚地看见洞穴的入口在哪里呢!

【字里字外】 ——————————

gǔ rén zài hái bù dǒng de gài fáng zi zhī qián dōu shì xué jū yě chǔ de nǐ zhī dao cóng
古人在还不懂得盖房子之前都是"穴居野处"的。你知道从

gǔ dào jīn rén lèi céng jīng zhù guo de wō dōu yǒu nǎ xiē zào xíng ma
古到今,人类曾经住过的"窝"都有哪些造型吗?

『"穴"字的演变过程』

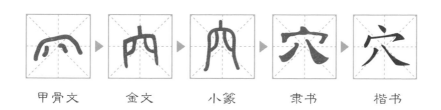

| 甲骨文 | 金文 | 小篆 | 隶书 | 楷书 |

bái

白

当东方出现鱼肚白的颜色时，也就是太阳要升起来的时候了。甲骨文的"白"字，下面是太阳"⊟"，上面的"丶"则表示太阳的微光。当太阳刚升起来，还没有升上地平线时，天空被太阳的微光所映照出来的颜色是白色的。于是，古人在造字的时候，便把"白"字用来指称"白色"这种颜色。

『字里字外』────────

北宋的清官包公办案铁面无私、黑白分明。小朋友，你知道包公办过哪些棘手的案件吗？他又是用怎样的智慧来破案的？

106

甲骨文　　金文　　小篆　　隶书　　楷书

hēi

黑

gǔ rén shāo shuǐ　zuò fàn dōu yòng zào　zào de shàng miàn lián zhe yì
古人烧水、做饭都用灶。灶的上面连着一

gēn cháng cháng de yān cōng　ràng rán shāo shí suǒ chǎn shēng de yān kě yǐ shùn zhe
根长长的烟囱，让燃烧时所产生的烟可以顺着

yān cōng pái fàng chu qu　yīn wei yān huī lǐ tou yǒu hēi tàn de chéng fèn　suǒ yǐ
烟囱排放出去。因为烟灰里头有黑炭的成分，所以

yān cōng dōu shì hēi hēi de　gǔ wén　hēi　zì de shàng bàn bù　　　huà
烟囱都是黑黑的。古文"黑"字的上半部"囧"画

de shì yān cōng　xià bàn bù shì dà huǒ　　　dà huǒ rán shāo suǒ chǎn shēng
的是烟囱，下半部是大火"炎"。大火燃烧所产生

de yān huì bǎ yān cōng xūn chéng yí piàn hēi sè　suǒ yǐ jiù yòng　hēi　zì lái
的烟会把烟囱熏成一片黑色，所以就用"黑"字来

zhǐ chēng　hēi sè　zhè zhǒng yán sè
指称"黑色"这种颜色。

【字里字外】

chéng yǔ　hēi bái bù fēn　shì yòng lái xíng róng rén bù néng míng biàn shì fēi duì cuò　xiǎo
成 语"黑白不分"是用来形容人不能明辨是非对错。小

péng yǒu　nǐ yǒu guo　hēi bái bù fēn　de shí hou ma　jiǎ rú yǒu de huà　shì zěn me yì huí shì
朋友，你有过"黑白不分"的时候吗？假如有的话，是怎么一回事？

hòu lái yòu shì zěn yàng chǔ lǐ de ne
后来又是怎样处理的呢？

「"黑" 字的演变过程 」

| 金文 | 小篆 | 隶书 | 楷书 |

qīng

青

cǎo mù gāng shēng zhǎng chu lai shí de yán sè jiù shì qīng sè　　qīng
草木刚生长出来时的颜色就是青色。"青"

zì de shàng bàn bù　　　　　biǎo shì cǎo mù　　gāng yóu ní tǔ li
字的上半部"Ψ"，表示草木"Ψ"刚由泥土里"土"

shēng zhǎng chu lai de yàng zi　 xià bàn bù de　　　　shì jǐng zì shì
生长出来的样子；下半部的"日"是"井"字，是

qīng　　de shēng fú　zhǐ　qīng　zì de dú yīn　yǒu yí bù fen lái zì
"青"的声符（指"青"字的读音，有一部分来自

jǐng　de yīn　　hòu lái　jiù bǎ yuán běn biǎo shì cǎo mù chū shēng yán sè
"井"的音）。后来，就把原本表示草木初生颜色

de　qīng　zì　yòng lái zhǐ chēng qīng sè　zhè zhǒng yán sè
的"青"字，用来指称"青色"这种颜色。

『字里字外』　——————————————

chéng yǔ　qīng chū yú lán　de yì si shì bǐ yù xué sheng chāo guò lǎo shī huò hòu rén shèng
成语"青出于蓝"的意思是比喻学生超过老师或后人胜

guò qián rén　 xiǎo péng yǒu　nǐ cóng lǎo shī nà li xué dào nà me duō de zhī shi　yǐ hòu yí dìng yào
过前人。小朋友，你从老师那里学到那么多的知识，以后一定要

zhēng qǔ bǐ lǎo shī gèng jiā yōu xiù
争取比老师更加优秀！

金文　　　小篆　　　隶书　　　楷书

huáng

黄

dāng dào suì biàn chéng jīn huáng sè shí jiù yì wèi zhe kě yǐ shōu gē
当 稻 穗 变 成 金 黄 色 时 就 意 味 着 可 以 收 割

le jīn wén de huáng zì huà de biàn shì dào gǔ chéng shú kě yǐ shōu gē de
了。金 文 的 "黄" 字 画 的 便 是 稻 谷 成 熟, 可 以 收 割 的

yàng zi dào zi gē dǎo hòu zhōng jiān yòng bǎ tā shù qi lai
样 子 "米"; 稻 子 割 倒 后, 中 间 用 "日" 把 它 束 起 来。

dào xiǎo zhuàn shí biàn bǎ zhōng jiān de jiě shì wéi tián dì de yì
到 小 篆 时, 便 把 中 间 的 "田" 解 释 为 "田 地" 的 意

si tián dì de yán sè shì tǔ huáng sè de suǒ yǐ jiù yòng zhè ge zì lái zhǐ
思。田 地 的 颜 色 是 土 黄 色 的, 所 以 就 用 这 个 字 来 指

chēng huáng sè zhè zhǒng yán sè bù guǎn shì jīn wén de jīn huáng sè dào suì
称 "黄" 色 这 种 颜 色。不 管 是 金 文 的 金 黄 色 稻 穗

hái shi xiǎo zhuàn de tǔ huáng sè tián dì dōu yì zài zhǐ míng huáng sè zhè
还 是 小 篆 的 土 黄 色 田 地, 都 意 在 指 明 "黄" 色 这

zhǒng yán sè
种 颜 色。

『字里字外』 ————————————————

xiǎo péng yǒu nǐ zhī dao zhōng huá wén huà zhōng de wǔ dì zhǐ de shì shéi ma tā zhǐ
小 朋 友, 你 知 道 中 华 文 化 中 的 "五 帝" 指 的 是 谁 吗? 它 指

de shì shàng gǔ chuán shuō zhōng de wǔ wèi shèng míng jūn zhǔ yì bān shì zhǐ huáng dì zhuān xū
的 是 上 古 传 说 中 的 五 位 圣 明 君 主, 一 般 是 指 黄 帝、颛 顼、

dì kù yáo shùn huáng dì shì dāng shí huá xià bù luò lián méng de shǒu lǐng bèi rèn wéi shì zhōng
帝 喾、尧、舜。黄 帝 是 当 时 华 夏 部 落 联 盟 的 首 领, 被 认 为 是 中

huá mín zú de shǐ zǔ
华 民 族 的 始 祖。

112

【"黄"字的演变过程】

| 甲骨文 | 金文 | 小篆 | 隶书 | 楷书 |

dān

丹

"丹"最初是指红色的丹砂、朱砂，后来也用来指称"红"色这种颜色。在古代，开采来的丹砂，是用一种竹编的器具来装盛的。所以，"丹"字的外围"冂"画的，便是那种竹编的器具；中间的一点"、"，则是用来表示丹砂。

【字里字外】

"热血丹心"用来形容对国家和民族一片忠心赤诚。在中国历史上，除了岳飞，你还知道哪些忠心耿耿、为国奉献，却不幸被奸臣所害的英雄呢？

『"丹"字的演变过程』

| 甲骨文 | 金文 | 小篆 | 隶书 | 楷书 |

chūn

春

chūn tiān dào le　bǎi huā shèng kāi　wàn wù fù sū　dào chù yí pài
春天到了，百花盛开，万物复苏，到处一派

shēng jī bó bó de yàng zi　shù zhī shang de yè yá er yě dōu shū zhǎn kai
生机勃勃的样子。树枝上的叶芽儿也都舒展开

le　hěn kuài shù yè jiù huì yóu qiǎn lǜ sè biàn chéng shēn lǜ sè　chūn zì
了，很快树叶就会由浅绿色变成深绿色。"春"字

jiù shì chūn tiān yáng guāng biàn nuǎn　cǎo mù kāi shǐ shēng zhǎng de yì si　jiǎ gǔ
就是春天阳光变暖，草木开始生长的意思。甲骨

wén de　chūn　zì　zuǒ bian de　　biǎo shì cǎo mù jiē shòu yáng guāng de
文的"春"字，左边的"ǂ"表示草木接受阳光的

zhào shè　kāi shǐ shēng zhǎng　yòu bian de　　zé shì shì cǎo mù de zhǒng zi
照射，开始生长；右边的"ǃ"则是示草木的种子

zuān chu dì miàn wǎng shàng shēng zhǎng de yàng zi
钻出地面往上生长的样子。

【字里字外】

gǔ rén shuō　　yì nián zhī jì zài yú chūn　chūn tiān shì yì nián gāng kāi shǐ de jì jié　nǐ
古人说："一年之计在于春。"春天是一年刚开始的季节，你

yào shǒu xiān jì huà hǎo jīn nián yào wán chéng de mù biāo　xiǎo péng yǒu　nǐ xiǎng yi xiǎng　qù nián yǒu
要首先计划好今年要完成的目标。小朋友，你想一想，去年有

nǎ xiē shì qing méi zuò hǎo　yào zài jīn nián jiā yǐ gǎi jìn de
哪些事情没做好，要在今年加以改进的？

『 "春" 字的演变过程 』

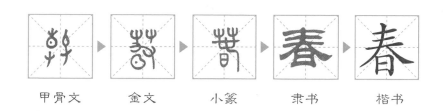

| 甲骨文 | 金文 | 小篆 | 隶书 | 楷书 |

xià

夏

"知了，知了……"听到蝉的叫声，就知道夏天到了。蝉的幼虫叫作"若虫"，会躲在地下生活很久，直到羽化的前一天夜晚才钻出地面，蜕壳为成虫，这就是所谓的"金蝉脱壳"。古人很喜欢把最能代表那个季节的东西，拿来作为造字的依据。所以，"夏"这个依照成蝉的形体造出来的字，就成了"夏天"的意思。

【字里字外】

成语"金蝉脱壳"比喻用计脱身，使人不能及时发觉。在自然界，由于存在弱肉强食的竞争关系，很多动物都有"金蝉脱壳"的变身术。想一想，都有哪些动物拥有这样的绝技？

「"夏"字的演变过程」

| 甲骨文 | 金文 | 小篆 | 隶书 | 楷书 |

qiū

秋

qiū tiān dào le　dào hé dōu chéng shú jiē suì　kě yǐ shōu gē le　jiǎ
秋天到了，稻禾都成熟结穗，可以收割了。甲

gǔ wén de　qiū　zì　huà de shì yì zhǒng huì zài qiū tiān míng jiào de kūn
骨文的"秋"字，画的是一种会在秋天鸣叫的昆

chóng zhè shì yì zhǒng xī shuài lèi de kūn chóng dào le qiū tiān jiù huì fā chū
虫。这是一种蟋蟀类的昆虫，到了秋天就会发出

jiū jiū　de jiào shēng yú shì jiù yòng tā míng jiào de shēng yīn lái zhǐ chēng
"啾啾"的叫声，于是就用它鸣叫的声音来指称

qiū tiān　　yǎn biàn dào jīn wén shí　qiū　zì jiù biàn chéng le xiàng zhēng
"秋天"。演变到金文时，"秋"字就变成了象征

dào hé chéng shú kě yǐ shōu huò de yàng zi
稻禾成熟可以收获的样子"𤓽"。

『字里字外』

bāo gōng bàn àn de shí hou huì zuò dào míng chá qiū háo　bú fàng guo rèn hé yí gè xì jié
包公办案的时候会做到"明察秋毫"，不放过任何一个细节，

ràng zhēn zhèng de zuì fàn dé dào yīng yǒu de chéng fá　xiǎo péng yǒu　nǐ zài zuò shí yàn de shí hou
让真正的罪犯得到应有的惩罚。小朋友，你在做实验的时候，

yě yào zhù yì xì wēi de dì fang lì qiú shí yàn jié guǒ zhǔn què kē xué
也要注意细微的地方，力求实验结果准确、科学。

「"秋"字的演变过程」

甲骨文　　金文　　小篆　　隶书　　楷书

dōng

冬

冬季，是四季的最后一个季节，代表着一年的终结。甲骨文的"冬"字写作"〰"，画的是一条绳子的两端都打着结，用来表示终结的意思。演变到小篆时，就写为"夊"，上面的"夂"表示冬天到了，把窗户的缝隙塞得很严实的样子；下面的"仌"表示冰的意思。冬天天气很冷，外面都结冰了，所以要把窗户关紧一点儿，以免冷风灌进来。

『字里字外』

冬天有一个节气叫"冬至"。冬至这天，在我国北方地区，几乎家家户户都要吃饺子。过了冬至，白天的时间越来越长，夜晚的时间越来越短。小朋友，你知道这是为什么吗？

【 “冬”字的演变过程 】

| 甲骨文 | 金文 | 小篆 | 隶书 | 楷书 |

dōng

东

měi tiān zǎo shang tài yang dōu cóng dōng bian shēng qǐ nǐ kě yǐ
每天早上，太阳都从东边升起。你可以

tòu guò shù mù de zhōng yāng kàn dào tài yang màn màn de wǎng shàng pá shēng
透过树木的中央看到太阳慢慢地往上爬升。

dōng zhè ge zì jiù shì yóu hé zǔ hé chéng de cóng shù
"东"这个字就是由"米"和"⊖"组合成的。从树

gàn de zhōng yāng kě yǐ kàn dào tài yang shēng qǐ lai de fāng xiàng jiù shì dōng
干的中央，可以看到太阳升起来的方向，就是东

fāng zài jiǎ gǔ wén li de xíng zhuàng yě xiàng bǎ wù tǐ dǎ bāo
方。在甲骨文里，"東"的形状也像把物体打包，

liǎng páng shù qǐ lai de yàng zi jiù xiàng xiàn zài de táng guǒ zhěn lǐ miàn
两旁束起来的样子，就像现在的糖果枕，里面

zhuāng shang le dōng xi hòu lái dōng zì chú le zhǐ fāng wèi wài yě yǒu
装上了东西。后来，"东"字除了指方位外，也有

zhǐ chēng wù tǐ wéi dōng xi de yì si
指称物体为"东西"的意思。

【字里字外】 ————————————————

chéng yǔ dōng fēng chuī mǎ ěr shì shuō dōng fēng chuī guo mǎ ěr biān yí xià zi jiù xiāo
成语"东风吹马耳"是说东风吹过马耳边，一下子就消

shì de wú yǐng wú zōng bǐ yù chōng ěr bù wén wú dòng yú zhōng xiǎo péng yǒu zhǎng bèi zài gēn nǐ
逝得无影无踪，比喻充耳不闻、无动于衷。小朋友，长辈在跟你

shuō huà de shí hou nǐ huì bu huì zhè yàng zuò ne
说话的时候，你会不会这样做呢？

「"东"字的演变过程」

| 甲骨文 | 金文 | 小篆 | 隶书 | 楷书 | 楷书（简） |

xī

西

tài yang xī xià shí　jùan niǎo guī cháo le　jiǎ gǔ wén hé jīn wén de
太阳西下时，倦鸟归巢了。甲骨文和金文的

　xī　　zì huà de jiù shì yí gè niǎo cháo de xíng zhuàng dào le xiǎo zhuàn shí
"西"字画的就是一个鸟巢的形状。到了小篆时，

　xī　　zì yòu yǎn biàn chéng yì zhī niǎo　　dūn zuò zài cháo li　　　de
"西"字又演变成一只鸟"弓"蹲坐在巢里"⊠"的

yàng zi　　yīn wei niǎo er zhǐ yǒu zài tài yang xià shān de shí hou cái huì huí cháo
样子。因为鸟儿只有在太阳下山的时候才会回巢

xiū xi　　ér tài yang xià shān de fāng xiàng yòu shì xī fāng　suǒ yǐ　hòu lái jiù
休息，而太阳下山的方向又是西方，所以，后来就

bǎ běn yì biǎo shì niǎo qī xī de　xī　zì jiǎ jiè chéng biǎo shì fāng wèi xī
把本义表示鸟栖息的"西"字假借成表示方位西

fāng de　xī　zì　lìng zào le yí gè　qī　zì biǎo shì niǎo qī xī de yì
方的"西"字，另造了一个"栖"字表示鸟栖息的意

si
思。

『字里字外』 ——————————————

sú yǔ　　xī yáng jìng bèi chāi chuān le　　shì bǐ yù gù nòng xuán xū yòng lái piàn rén de
俗语"西洋镜被拆穿了"，是比喻故弄玄虚用来骗人的

shǒu fǎ huò bǎ xì bèi chāi chuān le　　xiǎo péng yǒu　dāng nǐ kàn dào diàn shì li de mó shù biǎo yǎn
手法或把戏被拆穿了。小朋友，当你看到电视里的魔术表演

shí　yǒu méi you bàn fǎ pò jiě mó shù shī de zhāo shù ne
时，有没有办法破解魔术师的招数呢？

『 "西" 字的演变过程 』

| 甲骨文 | 金文 | 小篆 | 隶书 | 楷书 |

nán

南

tài yang cóng dōng bian shēng qi　zài xī bian luò xia　yì tiān zhōng chǔ
太阳从东边升起，在西边落下，一天中处

yú zhèng nán fāng de shí hou shì zuì nuǎn huo de　xiǎo zhuàn de　nán　zì xiě
于正南方的时候是最暖和的。小篆的"南"字写

zuò　　　　　shàng miàn de　　　　biǎo shì cǎo mù péng bó shēng zhǎng de yàng
作"𡴍"，上面的"屮"表示草木蓬勃生长的样

zi　xià miàn de　　zé zuò　cì　lái jiě shì　biǎo shì hěn jiān shí de
子，下面的"羊"则作"刺"来解释，表示很坚实的

yì si　cǎo mù xiàng zhe tài yang de fāng xiàng　huì zhǎng de hěn jiān shí　mào
意思。草木向着太阳的方向，会长得很坚实、茂

shèng suǒ yǐ hòu lái　nán　zì jiù chéng le　yì zhǒng fāng wèi de　zhǐ chēng
盛，所以后来"南"字就成了一种方位的指称。

『字里字外』————————————

chéng yǔ　nán kē yí mèng shì zhǐ zuò le　yì chǎng bìng bù cún zài de měi mèng xiǎo péng yǒu
成 语"南柯一梦"是指做了一场 并不存在的美梦。小朋友，

nǐ yǒu shí huì bu huì yīn wei rì yǒu suǒ sī　wǎn shang jiù mèng jiàn zì jǐ qù le hǎo wán de dì fang
你有时会不会因为日有所思，晚上 就梦见自己去了好玩的地方，

huò zhě dé dào le　nǐ mèng mèi yǐ qiú de wán jù　xǐng lai cái fā xiàn yuán lái zhǐ shì yì cháng mèng
或者得到了你梦寐以求的玩具，醒来才发现原来只是一场 梦

ér yǐ
而已？

128

甲骨文　　　金文　　　小篆　　　隶书　　　楷书

běi

北

běi　　zì de běn yì shì　　bèi　　　zhǐ liǎng gè rén bèi duì zhe bèi

　　"北"字的本意是"背",指两个人背对着背,

tā men de xīn si jiù bù xiāng tóu hé　　yǒu　　wéi bèi　de　yì si　　hòu lái

他们的心思就不相投合,有"违背"的意思。后来

zhè ge zì jiù bèi jiè yòng lái biǎo shì fāng wèi　　běi fāng　　suǒ yǐ　　zhǐ hǎo

这个字就被借用来表示方位"北方",所以,只好

lìng wài zài zào yí gè　　bèi　　zì lái biǎo shì　　wéi bèi　　hé　　bù hé　　de

另外再造一个"背"字来表示"违背"和"不合"的

yì si

意思。

『字里字外』————————————

chéng yǔ　　nán yuán běi zhé　　shì bǐ yù xíng dòng hé mù dì zhèng hǎo xiāng fǎn de yì si　　xiǎo

　　成 语"南辕北辙"是比喻行动和目的 正好 相反的意思。小

péng yǒu　　nǐ zài zuò shì qing de shí hou　　huì bu huì chū xiàn jì huà yǔ xiàn shí　　nán yuán běi zhé

朋友,你在做事情的时候,会不会出现计划与现实"南辕北辙"

de zhuàng kuàng　jiǎ rú chū xiàn le yòu gāi zěn me bàn ne

的 状 况?假如出现了又该怎么办呢?

『 "北" 字的演变过程 』

| 甲骨文 | 金文 | 小篆 | 隶书 | 楷书 |

 中国文字的发展与演变

你知道中国最古老的文字是什么吗？目前所知道的中国最早的有系统的文字是甲骨文。为什么要在骨头上刻字呢？这是因为古人敬畏自然和神灵，认为天地神灵有神秘不可知的力量，所以要先问他们的旨意，才能安心做事；尤其是商朝的王室贵族，更是每件事都要问，有时同一件事还要问很多遍。

他们怎样问神灵呢？其实就是用占卜的方法，但这个过程有些复杂：首先要把龟甲兽骨洗干净，切成适当大小，再磨平、磨光，然后在背面凿出一条条的小沟槽，沟槽旁再钻出一个个小圆孔，沟槽跟小圆孔距离正面都很薄，但是又不能穿透。这块处理好的龟甲或兽骨先交由掌管占卜的人保存。等到拣选了良辰吉日要开始占卜，就把这块甲骨拿出来，用火炷去烧小圆孔，便会有很多裂纹出现，这些裂纹就叫"卜兆"，然后商王或史官就会根据裂纹的形态来判断吉凶祸福，并把要卜问的事刻在甲骨上，这就是甲骨文。

甲骨文一直到清朝末年才被发现。那时甲骨还被称作"龙骨"，被拿去当药材用呢！不知那些用了龙骨的人有没有变聪明一点儿？

到了商周时期，便出现了金文。金文就是刻在青铜器上的文字，因为古人把"铜"称作"金"，所以这些文字也称为"金文"；又因为用铜铸成的钟、鼎等礼器受到人们的重视，所以这一类的文字也称作"钟鼎文"。

到了春秋战国时期，各个诸侯国都想要问鼎中原，所以连年征战，文字的流通也受到阻碍，各个诸侯国的文字形体演变各不相

同。一直到秦始皇统一六国，才接受丞相李斯统一文字的建议，把秦国原来使用的"大篆"稍加改变，使文字的结构和笔画得以定型，然后向全国推行这套文字，这就是"小篆"。从大篆到小篆的文字变革，在中国文字史上具有划时代的意义，占有重要的地位。

后来的"隶书"则是由小篆简化演变而来的。秦朝时，随着社会的发展，政务繁多，文书频繁，记录事务单用小篆已非常不便，于是便把小篆圆润的笔画改成方折的笔画，成了"隶书"。中国文字演变到隶书，加快了书写速度，但造字原则也被严重破坏，很多字已经看不出当初造字的原理。

隶书流行不久后，"楷书"也出现了。楷书的"楷"字，就是楷模、模范的意思。因为它的字体方正，笔画平直，可以当作楷模，所以也被称为"真书""正书"。到目前为止，楷书仍然是标准字体，也是人们常见的字体。

至于草书和行书，则是为了方便书写而演变出来的字体。"草书"就是指草写的隶书，形成于汉代；行书则是介于楷书和草书之间，不像楷书那样端正，也不像草书那样潦草，是日常常用的一种字体。

其实，中国文字发展与演变的历史，也是一部中国文化、中国文明传承与演变的历史。了解了中国文字的演变过程，对于我们现在所使用的文字，有没有觉得更亲切了呢？它们可是我们的祖先从很早很早以前，就传承下来留给我们的无价之宝哦！

◎中国文字的演变

甲骨文 → 金文(钟鼎文) → 篆书 → 隶书 → 楷书、草书、行书

图书在版编目（CIP）数据

有故事的汉字·亲近自然/邱昭瑜编著.--青岛：青岛出版社，2013.12
ISBN 978-7-5436-9748-5

Ⅰ.①有… Ⅱ.①邱… Ⅲ.①汉字－儿童读物

Ⅳ.①G613.2

中国版本图书馆CIP数据核字（2013）第236773号

本书经台湾企鹅图书有限公司（Ta Chien Publishing Co ., Ltd）
授权在中国大陆出版发行。

山东省版权局著作权合同登记号　　图字：15-2013-216

书　　名	有故事的汉字（第一辑）·亲近自然篇
编　　著	邱昭瑜
出版发行	青岛出版社（青岛市海尔路182号，266061）
本社网址	http ://www.qdpub.com
邮购电话	13335059110　0532-68068026
策划组稿	谢　蔚　刘怀莲
责任编辑	刘克东
封面设计	乔　峰
全书插图	郭璧如
装帧设计	青岛阅优文化传媒有限公司
制　　版	青岛乐喜力科技发展有限公司
印　　刷	青岛乐喜力科技发展有限公司
出版日期	2014年1月第1版　2017年3月第2版第21次印刷
开　　本	16开（710mm×1000mm）
印　　张	8.5
字　　数	170千
印　　数	202001-242000
书　　号	ISBN 978-7-5436-9748-5
定　　价	28.00元

编校印装质量、盗版监督服务电话：4006532017　0532-68068638
印刷厂服务电话：0532-89083828